O OUTRO LADO

Editora Appris Ltda.
1.ª Edição - Copyright© 2021 dos autores
Direitos de Edição Reservados à Editora Appris Ltda.

Nenhuma parte desta obra poderá ser utilizada indevidamente, sem estar de acordo com a Lei nº 9.610/98. Se incorreções forem encontradas, serão de exclusiva responsabilidade de seus organizadores. Foi realizado o Depósito Legal na Fundação Biblioteca Nacional, de acordo com as Leis nos 10.994, de 14/12/2004, e 12.192, de 14/01/2010.

Catalogação na Fonte
Elaborado por: Josefina A. S. Guedes
Bibliotecária CRB 9/870

A635o 2021	Antoniazzi, Anna Luisa Araújo O outro lado / Anna Luiza Araújo Antoniazzi. – 1. ed. – Curitiba: Appris, 2021. 119 p. ; 21 cm. ISBN 978-65-5820-862-4 1. Autorrealização. 2. Técnicas de autoajuda. I. Título. II. Série. CDD – 158.1

Livro de acordo com a normalização técnica da ABNT

Appris editora

Editora e Livraria Appris Ltda.
Av. Manoel Ribas, 2265 – Mercês
Curitiba/PR – CEP: 80810-002
Tel. (41) 3156 - 4731
www.editoraappris.com.br

Printed in Brazil
Impresso no Brasil

Anna Luisa Araújo

O OUTRO LADO

FICHA TÉCNICA

EDITORIAL	Augusto V. de A. Coelho
	Marli Caetano
	Sara C. de Andrade Coelho
COMITÊ EDITORIAL	Andréa Barbosa Gouveia (UFPR)
	Jacques de Lima Ferreira (UP)
	Marilda Aparecida Behrens (PUCPR)
	Ana El Achkar (UNIVERSO/RJ)
	Conrado Moreira Mendes (PUC-MG)
	Eliete Correia dos Santos (UEPB)
	Fabiano Santos (UERJ/IESP)
	Francinete Fernandes de Sousa (UEPB)
	Francisco Carlos Duarte (PUCPR)
	Francisco de Assis (Fiam-Faam, SP, Brasil)
	Juliana Reichert Assunção Tonelli (UEL)
	Maria Aparecida Barbosa (USP)
	Maria Helena Zamora (PUC-Rio)
	Maria Margarida de Andrade (Umack)
	Roque Ismael da Costa Güllich (UFFS)
	Toni Reis (UFPR)
	Valdomiro de Oliveira (UFPR)
	Valério Brusamolin (IFPR)
ASSESSORIA EDITORIAL	Lucas Casarini
REVISÃO	Andrea Bassoto Gatto
PRODUÇÃO EDITORIAL	Jaqueline Matta
DIAGRAMAÇÃO	Yaidiris Torres
CAPA	Karen Tortato
COMUNICAÇÃO	Carlos Eduardo Pereira
	Débora Nazário
	Kananda Ferreira
	Karla Pipolo Olegário
LIVRARIAS E EVENTOS	Estevão Misael
GERÊNCIA DE FINANÇAS	Selma Maria Fernandes do Valle
COORDENADORA COMERCIAL	Silvana Vicente

Dedico este livro especialmente às mulheres.

DEPOIMENTOS

Anna, seu conteúdo tem agregado muito valor a minha vida. Desde que comecei a assistir as lives, interagir com os posts, me aprofundar nos conteúdos lá no Telegram, minha vida tomou um novo rumo. Seus conteúdos trazem uma nova visão para mim. A forma como você explica, as situações fazem com que a gente enxergue os problemas como dádivas. Obrigada por tanta dedicação. Amo sua atenção e generosidade.

C. Diniz

O mais difícil para o ser humano é se desarmar, é se despir de toda sua proteção. Agora imagine para nós, mulheres, que temos que nos armar até os dentes, que somos ensinadas a servir o tempo todo, que somos obrigadas a nos provar o tempo todo e em tudo. É assustador... E no meio de tanta proteção, acabamos nos perdendo. Não porque não sabemos quem somos, mas, muitas vezes, porque esquecemos...

Tenho você, Anna, na minha vida, há muito tempo, mas quando você decidiu criar esses conteúdos, você simplesmente me pegou pelo colo e disse: "Tudo bem, tá na hora de voltar a ser a Lorena que você quer desesperadamente ser". E isso foi um sopro de força que derrubou toda aquela armadura, que me despiu e que me fez aprender a olhar para mim e me reconhecer. Se é fácil? Não... Não é. Mas com a sua orientação tem sido libertador... Obrigada por se encontrar e acreditar em você mesma, pois, assim, você está me dando a oportunidade de fazer o mesmo comigo... Parabéns pelo trabalho.

L. Mulinário

Anna, tenho gostado muito de ver os seus vídeos. Lhe conheço e sei bem como você é exemplo de superação e ascensão. Obrigada pelas palavras, que tenho certeza que estão ajudando muitas pessoas.

G. Bruneli

Então, quando comecei a ver a sua live eu não imaginava que era o motivo da minha irmã ter saído de casa cedo. Na verdade, eu nem sabia o que era, mas depois de ouvir sua explicação sobre os laços eu fui ligando os pontos até chegar nessa conclusão. É muito importante a gente parar um pouco para refletir quem somos e se estamos sendo nós mesmas... Sua live me ajudou a ver a importância de sermos nós mesmas.

I. Paradella

Sua colocação deu um start em muitas coisas no meu comportamento. Esse é um lado bem positivo do seu trabalho que gosto muito.

Dulcinéia C.

Muito obrigada por sua abordagem. Estou em um processo de reencontro de identidade e sua análise sobre uma simples frase minha foi valiosíssima! De verdade! Tudo o que você disse fez completo sentido e, com certeza, acompanharei mais dos seus conteúdos de agora em diante! Parabéns!

M. Afeltro

Top o vídeo, Anna. Me via como uma pessoa desapegada, no entanto, após sua fala parei para analisar como lido com coisas materiais e me deparei com algumas coisas que não me desfiz, porém não faço uso de nenhuma delas. Recebo com carinho os seus apontamentos e farei uso deles. Gratidão.

Letícia P.S.

Seu vídeo... Eu chorei muito vendo o seu vídeo. Nunca tentei ver a dor dela. Oito minutos que me trouxeram uma cura de anos.

F. Sousa

PREFÁCIO

Como as coisas se repetem nas famílias, digo, na vida das mulheres da nossa família... Sinto muita gratidão por todas as mulheres da nossa família. Foram mulheres muito fortes. Do lado do meu pai, mulheres que trabalhavam na lavoura, trabalhavam em casa, caçavam. Via-se no rosto delas, pelos dos registros das fotos da família, que elas não podiam sorrir, nem ser femininas. Isso por parte da minha avó paterna, Luisa, de origem alemã. Fico pensando... Será que ela foi feliz algum dia?

Na parte da minha avó materna, ela se casou e teve um filho por ano, no total de quatorze filhos. Não me lembro dela ter trabalhado na roça, mas nem tinha como. Lembro-me que ela me falava que o único passeio que ela fazia era o de ir batizar os filhos na igreja. E sempre me falava que se quisesse ficar casada e evitar brigas, que deveríamos encher a boca de água, deixar o homem gritar até cansar e deixá-lo achar que tem razão. Deixe o marido chegar do trabalho, deixe-o descansar, tomar banho, jantar e somente depois fale dos problemas, senão dá até morte. "Aprendam!", dizia vovó. E isso foi falado para suas filhas, para as netas, e assim foi falado para todas as mulheres da família...

Minha mãe, desde novinha trabalhou muito. Quando jovem trabalhava na roça durante o dia e à noite bordava para as jovens ricas. Sempre ficava até mais tarde bordando, iluminada por uma lamparina para poder ter suas coisas, comprar um vestido, sapato e fazer seu enxoval para se casar.

Depois que casou com meu pai, a vida deles foi de muita luta, trabalho pesado na roça. Tudo era muito difícil. Eles eram colonos. Sempre ouvia minha mãe falar: "Um dia vamos ir para a cidade, para vocês, meus filhos, estudarem e terem uma vida melhor". Falava que iria lavar roupa, fazer faxina. "Vamos melhorar de vida". Minha mãe sempre teve esperança.

Lembro-me de que quando eu tinha uns 10 anos, minha mãe teve que me mandar para a casa de meu tio para cuidar de minha prima e para que eu pudesse ter comida e alimentação. Sempre tive problemas de anemia, pois não havia muito que comer. Depois, com 12 anos, meus pais foram para Rondônia para visitar o primeiro neto, filho da minha irmã, que havia nascido. Eles ficaram lá quatro meses, não havia telefone e eu não sabia quando voltariam. Fiquei responsável pela família: dois irmãos mais velhos e uma irmã caçula, que tinha uns 9 anos. Eu trabalhava em uma fábrica de costura e a levava comigo para a fábrica.

Eu cresci e casei. No nosso tempo precisávamos casar antes dos vinte anos, senão éramos malvistas, ficaríamos pra "titia", sozinhas. Logo tive meu primeiro filho e depois de cinco anos tive nossa filha, Anna Luisa.

Como disse, as coisas se repetem, e quando Anna Luisa tinha exatamente 10 anos, eu e meu marido estávamos comprando em sociedade uma empresa em outra cidade e precisávamos ir trabalhar. Como nossos filhos estavam estudando e estávamos morando provisoriamente em uma casa, deixamos nosso filho mais velho e Anna Luisa sozinhos no apartamento que tínhamos. Voltávamos sempre aos finais de semana e durante a semana quem ficava responsável pela casa era Anna Luisa. E quando Anna tinha 12 anos, eu e meu marido tiramos a única férias de nossas vidas e fomos também para Rondônia, para visitar a minha irmã, que meus pais haviam ido visitar na época em que eu era criança. Ficamos lá por quinze dias e, novamente, Anna Luisa ficou responsável pela casa e pelo irmão, pois, apesar de ser o mais velho, ela era a mais responsável.

Os relacionamentos de Anna Luisa nunca foram muito bons, mas, mesmo assim, ela sempre namorava. Assim como todas as mulheres da família, não podia ficar sozinha, não podia ficar para "titia" também.

Após vários relacionamentos não terem dado certo, ela consegue terminar e, enfim, fica sozinha, mas por pouco tempo. Pois eis que reaparece seu amigo de vários anos e, apesar de ela nunca ter sido apaixonada por ele, prometeu-lhe casamento. Eles se casaram em poucos meses. Na época, quando seu irmão ficou sabendo quem ela estava namorando, pediu para mim que a mandasse terminar o namoro. Exatamente como meu tio fez comigo quase 40 anos atrás – ele não queria que eu me casasse com o pai de Anna Luisa.

Depois de algum tempo casada, lembro-me que Anna Luisa teve crises de enxaqueca terríveis. Ela tomava medicamentos muito fortes, além de muitos antidepressivos. E nesse período, como por um milagre, ela engravidou. Teve depressão pós-parto, mas, mesmo assim, cuidou de sua filha desde o momento em que sua filha Cecília nasceu. Anna Luisa não teve a presença nem o apoio do marido nesse momento. Ela teve que ser muito forte. Mesmo assim foi uma excelente mãe, cuidou do umbigo, ela quem dava os banhos, remédios, coisas que nem eu, nem minha mãe fizemos.

Minha filha, Anna Luisa, quando veio aqui para casa, tivemos muitas divergências, mas nada como o tempo para colocar tudo no lugar...

Eu, Arlete, estou aprendendo muito com os erros e acertos dela. Hoje, sei que tenho direitos, não só deveres. Sei que tenho o direito de ser feliz. Viver sem tanta cobrança, ser respeitada, usufruir todo o meu trabalho. Poder sentar, conversar, gargalhar. Gente, eu não dava mais gargalhadas. Até isso foi tirado de mim com um tempo...

Aprendi, libertei-me com a ajuda e com a força que minha filha teve que ter. Tive força como todas as mulheres de nossa família tiveram, cada uma do seu jeito. Não podemos julgar nenhuma das mulheres, pois cada uma viveu com os recursos de que dispunham naquela época.

Creio que nossa neta Cecília e meus outros netos poderão ser mais carinhosos. Poderão mostrar seus reais sentimentos sem serem julgados de fracos. Os homens respeitarão as mulheres e as mulheres poderão ser sensíveis, amáveis, sem precisar de armaduras para se protegerem.

E Anna Luisa está aí, graças ao nosso divino. Com seus dois pés no chão, ela que sonha, faz seus projetos tranquilamente e sabe que tem um ser humano lindo, um presente divino que lhe foi confiado. Sabe que nessa nova jornada ela depende só dela, e com seus ensinamentos, suas atitudes, seus progressos, estará, aí, o seu fruto aqui na Terra.

Arlete da Penha Araújo

SUMÁRIO

INTRODUÇÃO 17

A REAL FELICIDADE 19

A CRIANÇA E OS SONHOS 21

O CAMINHO 28

INÍCIO DA CAMINHADA 33

ENTENDENDO UM POUCO MELHOR.......................36

A IMPORTÂNCIA DA GESTAÇÃO...............................42

OS PROGRAMAS, AS POSSIBILIDADES E A
PROSPERIDADE 45

COMO OS SONHOS SE TORNAM VERDADE 52

UM POUCO MAIS DA MINHA HISTÓRIA 55

ENERGIA: TUDO QUE É 80

A DECISÃO EM ESCOLHER O OUTRO LADO 104

INTRODUÇÃO

Antes de começar a ler este livro, gostaria de me apresentar para que você me conheça um pouco melhor. Precisamos começar, aqui, a criar certo tipo de relacionamento, para que você consiga confiar que seu processo de transformação também dará certo, assim como aconteceu comigo. Você será o instrumento da sua própria mudança.

Bem, se você leu a capa deste livro, viu que meu nome é Anna Luisa. Nome dado por meus pais em homenagem as minhas duas bisavós, uma chamada Anna e, a outra, Luisa, ambas mulheres muito fortes. Creio que já soubessem que esse seria um ótimo nome para mim, baseado no que o destino me reservara.

Hoje, além de escritora, sou Terapeuta Comportamental (profissão assim denominada por mim mesma), porque observo e analiso o comportamento dos humanos em suas missões aqui na Terra.

Tenho uma linda menina de 4 de idade e, assim como ela, eu também já fui uma criança. E creio que você tenha sido também, certo? Será muito importante que você se lembre disso durante todo o processo de leitura deste livro.

Vale ressaltar, aqui, que me apresento desta forma: com meu nome e classificações, pois nós, humanos, ainda temos a necessidade de dar nomes para "conhecer" as coisas. Em breve você entenderá o porquê de tal necessidade. Eu, neste exato momento, sei que sou muito mais do que nomes, rótulos ou certificados, e você verá que também é muito maior do que qualquer classificação inventada por nós, simples humanos.

Ao ler este livro você perceberá que algumas coisas não precisam ser nomeadas, nem há como serem nomeadas. Apenas são. E é nessa simplicidade que mora a grande surpresa, a incrível magia da vida. Poder ser exatamente quem se é e simplesmente ser feliz.

"A maior liberdade de todas é, simplesmente, SER. Sem medo algum...".

E como é gostoso SER quem se é, simplesmente SER. Sem medo, sem máscaras, sem dor... Um lugar de extrema paz. Ao chegar nesse lugar você percebe que tudo que você viveu antes disso não passou de uma grande ilusão. Quantas lutas sem propósito, sofrimento sem causa, choro sem necessidade.

Você não imagina o quanto é preciosa e seu maior tesouro está bem aí, dentro de você, só esperando você soltar as amarras do passado, limpar todas as histórias que um dia te fizeram mal e se agarrar ao seu maior bem: sua própria vida, sua própria felicidade, seu lugar de paz, ou seja, você.

A REAL FELICIDADE

Muitos me perguntam de onde vem a real felicidade. Ao longo da minha caminhada aqui na Terra percebi que existem duas formas de alcançar a chamada "felicidade". Podemos alcançar a que eu chamo de "falsa felicidade", através das ilusões da mente, do ego. Elas duram por certo tempo, mas não se sustentam. Essa felicidade é volátil, superficial. Tais como comida, bebida, dinheiro, sexo etc. são ótimos alimentos para o corpo e para a mente. Essas ilusões nos trazem a sensação de prazer. Não que você não possa acessar a isso. Você pode, mas deve saber usá-las com sabedoria, pois elas são apenas sensações do que seria a felicidade, mas não é a real felicidade. Trata-se apenas de uma sensação e você sempre precisará de mais. Assim como quando você passa um perfume, ele será agradável e por mais que sua fixação seja de longo prazo, uma hora esse perfume desaparecerá.

Essas sensações nos deixam "felizes" por certo tempo, mas não nos preenchem. Geralmente, elas nos seduzem com muita facilidade, mas cuidado, elas também te enganam e te aprisionam com a mesma facilidade com a qual te seduziram, e logo você não terá mais tempo para o que realmente importa. Acredito que a real felicidade, a que realmente nos preenche, é feita por pessoas e momentos. Não que precisemos ficar cercados por pessoas o tempo todo. Isso também é uma necessidade da mente.

Os momentos que passamos com essas pessoas e as memórias que ficam guardadas, isso é o que realmente importa. E não há dinheiro no mundo que compre os momentos que passamos com as pessoas que amamos. São momentos únicos. Aqueles que, ao pensarmos, já nos vem um sorriso no rosto. Essa, para mim, é a real felicidade. E quando começamos a nos sustentar na real felicidade, vivemos uma vida de paz, uma vida muito mais leve, uma vida realmente feliz.

A CRIANÇA E OS SONHOS

Em algum momento da minha vida eu me perdi de mim, não me via nem me sentia mais, e precisei fazer um caminho de reencontro comigo mesma. Voltar a olhar para meus sonhos, que pouco a pouco deixaram de serem apenas sonhos e foram se transformando em minha realidade. A realidade que havia criado há muito tempo, quando eu era uma pequena criança de cabelos ralos com a cor dos raios do sol. Naquele momento os meus sonhos eram puros e verdadeiros, assim como os seus também eram. Quando voltamos a olhar para esses inocentes sonhos, em que não há medo, não há culpa nem mágoa, nesse momento a nossa vida volta a ser e acontecer de verdade.

Lembra que te falei sobre a importância de recordar de quando você era uma criança? Nesse momento, te convido a fechar os olhos e lembrar quais eram os seus sonhos quando você ainda era uma criança. O que você gostava de passar horas do seu dia fazendo sem que você percebesse que o tempo estava passando? Muitas pessoas me respondem que passavam a maior parte do tempo brincando, outras me respondem que passavam a maior parte do tempo admirando o trabalho de alguém. As suas brincadeiras e a sua imaginação te mostrarão exatamente quais eram os seus sonhos e qual era a sua missão aqui neste planeta. Tente-se lembrar desses momentos. Será muito importante para o seu processo também.

Desde criança sempre fui muito sonhadora. Sonhava com um mundo em que todo mundo pudesse ser feliz, e realmente acreditava em um mundo de paz. Um desses muitos sonhos era escrever este livro que você está prestes a ler. Sempre fui aquela menina que amava escrever cartas. Tive vários diários e gostava muito da minha coleção de papéis de carta, aos quais, geralmente, era presenteada pelas pessoas que sabiam desse meu gosto. Presenteavam-me sempre que vinham me visitar ou me enviavam pelo correio. Tinha papéis de carta de vários lugares do mundo.

Lembro-me de que quando tinha aproximadamente 11 anos, escrevia muitas cartas para a minha avó, que, apesar de morar em uma cidade até próxima da minha e mesmo que já tivéssemos telefone naquela época, o que eu gostava mesmo era de escrever a carta e ir ao correio postar. Amava os selos e aquela cola diferente que só tinha lá. Nunca colava as cartas em casa, só para poder usá-la.

Lembro-me, também, de um momento em que estava no ensino fundamental e a minha professora de português havia nos pedido para ler um livro de contos e que procurássemos saber o porquê do autor ter escrito aquele livro, para que pudéssemos, posteriormente, apresentar um trabalho sobre isso. Já havia internet naquele período, mas procurei atrás do livro o endereço para que eu pudesse enviar uma carta diretamente para o autor, perguntando-lhe sobre sua história. Escrevi uma carta do meu jeitinho e enviei. Os dias foram passando, já estava perto da apresentação do trabalho e não obtive resposta. Como o trabalho era em grupo, precisei ouvir meus amigos e apresentar o trabalho com a pesquisa que tínhamos feito na internet. Apresentamos o trabalho e obtivemos uma boa nota, mas eu não estava feliz. Aqui dentro, me questionava: onde poderia ter parado aquela carta? Por que o autor não havia me respondido? Eu, como uma criança, na minha inocência, não pensava que o autor tinha muito mais coisas a fazer do que responder uma carta de uma criança e que, talvez, essa carta nem tivesse chegado às mãos dele. E aqui que está o grande segredo. São nesses momentos de inocência, que as coisas realmente acontecem. E vocês verão o quanto é importante voltar para esse lugar para que a nossa vida volte a acontecer de verdade.

Bom, semanas depois do trabalho já apresentado, eis que chega à minha casa uma carta do autor Luiz Galdino, escrita na máquina de escrever por ele mesmo. Na carta, ele me conta exatamente o que estou contando aqui para vocês. Sobre a importância de acreditar em seus sonhos. Conta também que quando ele também era apenas uma criança, já "vivia" no reino da cavalaria, com donzelas e espadas.

A seguir está a carta que ele me enviou há vinte anos. Irei compartilhar com vocês para que vocês entendam o quanto é realmente importante esse processo de voltar a olhar para os nossos sonhos e de como isso é o que realmente importa para que possamos ver O Outro Lado.

Anna Luiza,

Convivo com Arthur, Guinevere, Lancelote e demais cavaleiros desde a infância. Foi a história desses incríveis cavaleiros que me levou a construir minha primeira armadura em folha de flandres adornada com os raios do galão de óleo Sol Levante. O elmo já não me recordo exatamente como era; provavelmente, uma lata velha de um produto qualquer. E a espada, muito mais digna, um espeto de churrasco feito de ferro. E, assim paramentado, montava no meu cavalo de pau de vassoura e saía em aventuras pelo vasto mundo do meu quintal.

Sem pobres nem oprimidos, colocava minha espada na defesa de donzelas minhas vizinhas por quem me apaixonei em momentos diferentes, no decorrer da minha infância. E todo o tempo restante, me dedicava à demanda do santo Graal. Um cálice verde surrupiado ao jogo de licor no buffet da sala. Minha mãe sempre imaginou que eu havia quebrado o cálice e escondi_ do os cacos para não ser descoberto. Não sabia da identidade secreta do seu filho cavaleiro e muito menos do sublime des_ tino dado a tão prosaico objeto.

Por que a gente gosta de uma coisa, uma pessoa? Às vezes, a prendemos a gostar à medida em que conhecemos facetas e vir_ tudes. Outras, não tem explicação. É como amor à primeira vis_ ta. Comigo e a cavalaria foi assim. Eu me converti. Nasci no Vale do Paraíba, São Paulo, uma região muito conservadora. Quem sabe, não foi por isso que desde muito cedo me rendi à honra da cavalaria e à fé do Graal?

Agora, que tanto tempo passou, que tantos cavaleiros se foram para o Avalon e que a espada pesa mais do que pode suportar o meu pulso cansado, senti-me na obrigação de recontar essa his_ tória. Devia isso aos antigos cavaleiros, aos cantores das versões que permitiram a sobrevivência desses míticos heróis até o nosso tempo. Devia isso aos jovens de hoje, dessa Came lot cibernética. Às vezes, me parece tão pobre, tão estéril essa corte, para a qual honra e dignidade não significam se não simples palavras. E devia também a mim mesmo. Ao recon_ tar essas aventuras cavaleirescas, revivi, de certa forma , todas as emoções que experimentei desde a primeira leitura, naquele dia longínquo da minha infância. E conclui a histó_ ria na certeza de que sem o aprendizado da cavalaria, sem a convivência com esses intrépidos cavaleiros não seria a pes soa especial que sinto ser.

Aliás, você deve ser também uma pessoa muito especial. Você pode até não acreditar mas as duas garotas que eu primeiro "consagrei" com a minha espada mágica, no antigo quintal da minha casa, eram duas irmãs e vizinhas, que se chamavam Ana Luiza e Maria Sílvia. Outra coincidência é que eu me chamo Luiz, como você sabe, e meu irmão se chamava Silvio.

Fiquei meio chateado por saber que talvez esse material vai chegar atrasado. A editora tentou entrar em contato comigo , mas eu estava em Tocantis, só cheguei ontem. Fiz uma carta caprichada, quem sabe a professora ainda considera.
Um beijo do seu cavaleiro

Abraços à família

Luiz Galdino
Rua Narciso Freitas Vieira, 84
05367-000 - São Paulo - S.P.

(Estou mudando o sistema. Quando tiver email novo aviso)

Perceba que em um momento da carta ele cita que eu devia ser alguém especial. E eu sou, assim como você também é. Só que ao longo da vida, infelizmente, nos esquecemos disso.

Alguns caminhos, no decorrer da minha vida, também fizeram com que eu deixasse meus sonhos de lado e mal sabia eu que neles estavam a minha maior verdade, a minha real felicidade. Não os sonhos criados na mente. Como disse anteriormente, tudo que é criado na mente são apenas ilusões, sensações. Estou falando dos sonhos de verdade, aqueles que vêm do coração.

Engraçado que por muito tempo não percebia que tudo que acontecia na minha vida estava me conduzindo para que eu voltasse a olhar para os meus sonhos, para o que era meu de verdade. Porém, ainda tendo na mente todos os meus planos, minhas metas, insistia e confesso que, muitas vezes, irritei-me com o fato de perder alguma "oportunidade" de emprego ou pelo fato de determinados relacionamentos não terem dado certo. Afinal, já estava tudo certo na minha cabeça. Era capacitada para a vaga e sempre subi de cargo com muita facilidade nos empregos em que havia trabalhado, mas chegou um momento em minha vida que tudo "parou". Não conseguia emprego em lugar algum e meus relacionamentos eram cada vez piores. Havia sim, decidido ficar um tempo sem trabalhar para acompanhar o crescimento de nossa filha e me capacitar em alguns cursos sobre o comportamento humano. Mas quando nossa filha estava com aproximadamente três anos, decidi voltar a trabalhar e cheguei a fazer diversos processos seletivos. Na maioria das vezes, era bem classificada, mas sempre havia algum empecilho. Ou não tinha o perfil da vaga, ou morava muito longe do emprego ou sei lá, foram muitas as formas que o universo tentou me comunicar de que esse não era o caminho. Nos meus relacionamentos também, cada um com defeitos bem específicos que não me permitiram continuar. Vejo que tal caminho foi extremamente necessário para que eu chegasse até aqui para que, então, escrevesse este livro.

O CAMINHO

No início comecei a atender como terapeuta, depois, sob a orientação de um mentor, comecei a gravar alguns vídeos na internet para que, então, fizesse um grande lançamento de um programa de transformação pessoal. Mas aqui dentro, sentia que não era isso, não seria assim que transformaria, de fato, a vida das pessoas. Não deveria ser assim. Publiquei, a princípio, como proposta de captação de e-mails para posterior lançamento do programa, um pequeno e-book com apenas 23 páginas, totalmente gratuito. Estava na moda fazer isso na época. Tinha várias pessoas fazendo e-books de tudo quanto era tipo de assunto. Depois, percebi que não era esse o caminho. Desisti do programa de transformação pessoal, o qual muitos diziam que me traria muito dinheiro. E pensei: "Não, não é isso que preciso fazer. Preciso escrever o meu livro".

É importante fazer uma breve reflexão neste momento. Observem que este livro não tinha esse nome, nem a quantidade de páginas que tem agora. Tratava-se de um projeto e uma proposta totalmente diferente. E a vida é assim. Muitas vezes não entendemos muito bem a princípio o que a vida está querendo nos mostrar, e ela consistentemente irá te mostrar o caminho, basta que você esteja realmente disposta a vê-lo.

Bom, então, escrevi um livro com um pouco mais de quarenta páginas e pensei em vendê-lo. Nessa altura do campeonato já não me preocupava mais com o dinheiro que ia receber pela venda do livro. Minha grande preocupação era de que precisava levar o conhecimento às pessoas e de como faria isso. Precisava levar o que havia aprendido ao maior número de pessoas possível e mostrar que realmente é possível dar certo. Mas como faria isso sozinha? Sem uma editora, sem nenhuma experiência nessa área, não ficaria muito legal e talvez não conseguiria alcançar o número de pessoas que era preciso. E nesse momento eu rezei, rezei muito. Como dizia nossa filha: "O que a mamãe mais faz é rezar". Ela falava isso para todo mundo. De alguma forma, pedi ao meu divino que alguém se interessasse pelo meu livro e resolvesse publicá-lo para que o mundo pudesse ter acesso a ele. E aqui está a grande magia de voltar a ser quem se era, de estar conectada com à sua essência e com as suas verdades.

Por um milagre, ou qualquer coisa do tipo, porque não gosto de nomear esses acontecimentos, um e-mail de uma editora chegou à minha caixa de entrada, solicitando que eu enviasse meu livro até determinada data. Confesso que, naquele momento, não sabia se ria, se chorava, se agradecia ou se tinha alguém me pregando alguma pegadinha. Fiquei anestesiada. Lembro-me de que somente peguei o anexo do livro, que já estava salvo no meu computador, e enviei para o e-mail que haviam me solicitado. Demorei algum tempo para processar o que havia ocorrido e ainda estava meio sem acreditar no que estava acontecendo. Meu sonho estava virando realidade. Percebi, naquele instante, que todo caminho que havia percorrido, desde os vídeos que gravei, as pessoas que atendi, o primeiro livro gratuito, exatamente tudo, estava me conduzindo para aquele momento, para receber aquele e-mail. Bastou acreditar em mim e tudo simplesmente aconteceu. E irá acontecer com você também, basta acreditar, sentir-se merecedora e aceitar que todos os seus sonhos se realizem.

Neste livro irei narrar um pouco da minha história e como foi o caminho de volta para minha casa, para dentro mim. Pode parecer um pouco esquisito falar isso, mas, em breve, você verá o quanto tudo isso faz todo sentido. De uma maneira bem prática, irei descrever os métodos e as ferramentas que utilizei nesse processo de reencontro, de como me reconectei comigo mesma. Peço que você se dê essa chance e também faça, gentilmente, tudo que lhe for orientado. Cada passo importa para o seu processo. Vale ressaltar que é importante que você acredite que você pode, que você consegue e que você merece a chance de conhecer O Outro Lado.

Você, assim como eu, irá redescobrir quem você era e que nunca deixou de ser. Está aí, só esperando que você volte a olhar para ela. Sugiro que leia este livro com o carinho que você merece e logo, logo, você terá resultados surpreendentes.

É importante dizer também que, para que qualquer processo de cura e transformação aconteça, dois fatores são extremamente necessários: a ACEITAÇÃO e o MERECIMENTO. Parece algo bem bobo e bem simples, mas esse algo simples, essa simples "bobeira", pode estar travando a sua vida há muito tempo, sem que você nem mesmo tenha conhecimento disso. Sugiro, então, que mesmo antes de começar a leitura, repita a frase a seguir por três vezes. Por que três vezes? Porque a primeira vez você diz para sua mente, a outra para o seu coração e a terceira conecta o seu pedido a algo muito maior: o seu divino pessoal, ao universo, ou seja lá o que te motive a estar viva nesse momento. Portanto, sugiro que repita às três vezes: EU ACEITO A CURA, MEREÇO SER FELIZ e TER UMA VIDA PRÓSPERA; EU ACEITO A CURA, MEREÇO SER FELIZ e TER UMA VIDA PRÓSPERA; EU ACEITO A CURA, MEREÇO SER FELIZ e TER UMA VIDA PRÓSPERA.

Lembre-se de falar e fazer com atenção esse momento. Você verá como fará toda diferença durante o seu processo de leitura, de cura e do seu reencontro.

Muitas pessoas me perguntam por que trabalho somente com mulheres. Não que eu trabalhe só com elas. A cura serve para qualquer pessoa que queira ser curada. Porém, acredito que, neste momento, sejam elas que mais precisam desta leitura. E até o final do livro talvez você concorde comigo... ou não, e está tudo certo com isso. Sigamos com a nossa leitura.

Desejo a você uma ótima leitura e uma linda viagem de volta para casa, de volta para a sua vida, de volta para você.

"Seus sonhos são suas maiores verdades.
Não os perca de vista".
Todos possuímos sonhos de base, aqueles sonhos mais puros que, geralmente, observamos quando ainda somos crianças. Neles estão nossas verdades. Com o passar dos anos deixamos nossos sonhos de lado, ou seja, deixamos de viver a nossa própria verdade. Eles são trocados pela verdade do mundo, da matéria, em que os sonhos se resumem em ter dinheiro, uma casa, um carro... Não que isso não seja necessário ou que você não possa ter isso. Mas tudo isso só terá sentido quando sustentado na SUA VERDADE, nos seus sonhos mais puros, o que vem de dentro e está conectado a sua essência.
Caso contrário, nada disso aqui fora fará sentido.

Vivemos em um mundo em que se tem exatamente tudo e, mesmo assim, sentimos como se não tivéssemos o necessário. Há um enorme vazio que nada aqui fora consegue preencher. Isso porque o essencial foi esquecido: os nossos sonhos, a nossa verdade... o que realmente te preenchia e que realmente te fazia feliz... Portanto, resgate seus sonhos, viva sua verdade e seja feliz.

INÍCIO DA CAMINHADA

Como minha família, meus amigos e meus antigos namorados sempre diziam que eu fazia tudo ao contrário, resolvi escrever este livro de trás pra frente. Isso mesmo. Vou começar o livro com os resultados de minhas conquistas e, aos poucos, vou trazendo de volta o meu passado, que foi o meu maior presente, e vocês conseguirão entender o porquê dessa história.

Quando falavam que fazia tudo ao contrário, hoje percebo por que fazia isso e por que, para mim, parecia tão natural.

Acredita que eu torcia o pano de frente pra trás? Sempre começava a pendurar as roupas na primeira varinha do varal e depois que eu ia para as de trás. E dirigia bem melhor dando ré do que indo pra frente? Parece piada, né? Só que eu funcionava assim...

Todos nós temos um jeito único de viver neste mundo e em breve você verá o quanto você também é especial. Não que você faça as coisas ao contrário como eu faço. Mas existe, aí, algo único, que somente você faz, o seu jeitinho único de viver neste mundo, um jeito especial, somente seu. Geralmente, esse nosso jeito único de viver é aquele motivo de piada dos amigos ou o jeito que as pessoas se recordam de você.

Tente se lembrar, neste momento, como você é conhecida pelas pessoas com as quais você convive ou conviveu em algum momento da sua vida. As pessoas que são especiais para você. Se algo que lhe vier à cabeça lhe soar como algo ruim, lembre-se sempre de olhar para O Outro Lado, sempre para o lado bom. Afinal, esse é o objetivo deste livro. Quais vantagens você teve ao ser do seu jeito? Quais benefícios você recebia? Sempre recebemos benefícios por ser do nosso jeito, mas, muitas vezes, culpamo-nos ou nos sentimos mal por não sermos iguais a alguém que admiramos. Por isso, pouco a pouco vamos deixando de ser quem somos para ser quem gostaríamos de ser, e a nossa vida simplesmente não acontece.

Confesso que até eu ainda acho meio esquisito esse meu jeito, só que eu funciono assim, perfeitamente imperfeita. Costumo dizer que ser perfeita não tem graça alguma. Porque algo que está perfeito já chegou ao fim, não tem mais nada a ser feito. Por isso, sugiro que você ame cada pedacinho seu, inclusive todas as suas ditas "imperfeições". Elas existem exatamente para que você viva a sua vida de verdade, para que você experimente, aprecie a vida e aprenda importantes lições com ela.

Você e sua vida funcionam como uma linda dança: ora você a conduz, ora você se permite ser conduzida por ela.

Os momentos em que a vida lhe conduz são os momentos mais mágicos, em que o inesperado acontece, as coisas mais incríveis se mostram para nós. Assim como quando recebi inesperadamente o e-mail solicitando o meu livro para ser publicado. Viu, é verdade. Você, ao ler este livro, está fazendo parte da minha realidade, que um dia foi meu sonho também. Portanto dance com a sua vida e não queira ser perfeita. Em breve você perceberá que, realmente, não vale a pena tentar ser algo que não se é para alguém que não seja você. Sugiro que anote essa dica, porque essa já é uma lição muitíssimo importante e fez muita diferença em meu processo de mudança.

"SE, é uma possibilidade que nunca existiu".

Quantos "SE" a gente se dá por medo. Nas possibilidades "SE" a gente talvez nunca tenha tentado, nunca tenha conseguido, nunca tenha saído do lugar. Troque o "SE" por "SIM" e viva cada momento no agora, profundamente. E "SE" não for o que você tinha pensado, ainda dá tempo de voltar e escolher um caminho totalmente diferente.

ENTENDENDO UM POUCO MELHOR

Do mesmo jeito que fazia as coisas ao contrário no dia a dia, na minha vida e nos meus relacionamentos não poderia ser diferente. Nossos padrões internos, nossas histórias e nossos modelos de referência repercutem em todos os aspectos da nossa vida. A forma como nos relacionamos com as coisas é exatamente a mesma forma como nos relacionamos com as pessoas.

Conheci várias pessoas nos meus atendimentos, desde as mais desapegadas às acumuladoras compulsivas. E tanto esse quanto aquele comportamento estava ligado às experiências da primeira infância, aproximadamente de 2 a 6 anos de idade. Nessa fase do desenvolvimento humano é quando estamos começando a nos reconhecer enquanto um ser que existe e nesse momento começamos a nos relacionar com as pessoas, com o outro, que também existe. Tudo isso dentro de um contexto, o ambiente em que convivemos, no qual trocamos experiências e "aprendemos" um jeito de viver.

Percebi tanto no meu contexto de vida quanto nos meus atendimentos que as pessoas acumuladoras, na maioria dos casos, são pessoas que foram abandonadas na primeira infância, ou pelo menos se sentiram assim. Sentiram, diante dessa sensação de abandono, um enorme vazio no peito, um buraco na alma, como se algo tivesse se perdido. É como se sempre estivessem em uma procura incessante por algo, ou alguém. Portanto espaços vazios incomodam muito e trazem muita dor. Aí está, então, a necessidade de preencher todo e qualquer espaço, esse vazio sem fim, com qualquer tipo de coisa e, muitas vezes, com qualquer tipo de pessoa. E, na maioria dos casos, nem as coisas nem as pessoas preenchiam esse vazio e as relações não eram muito saudáveis. A maioria das pessoas que se sentiram abandonadas, se comportavam assim. Eu, porém, ao sentir esse abandono na minha primeira infância, me desapeguei de tudo, como se sempre esperasse que algo bom fosse chegar ao fim; então, nem me apegava a nada nem a ninguém. Vale destacar aqui que cada pessoa, cada ser humano, pode interpretar a sua realidade e dar o seu próprio significado de acordo com o que lhe traga maiores benefícios ou um maior conforto interno; mesmo que para outras pessoas soe como um comportamento estranho. Por isso é extremamente importante saber se respeitar enquanto pessoa que é, e respeitar o outro também. Não sabemos o que se passou com tal pessoa e como ela significou essa história. Portanto, o respeito é uma ferramenta extremamente importante e fundamental para se viver uma vida muito mais compassiva.

Nesse momento peço que você pense e faça uma breve análise de como é sua relação com as suas coisas materiais e com as pessoas com as quais você convive. Você é muito apegada ou se desapega com muita facilidade? Faça essa análise e essa interligação. Peço que anote todas as percepções que lhe vier à mente sobre esse assunto. Esse também é um passo extremamente importante. Será necessário que o faça com calma e várias coisas ficarão mais claras para você neste momento. Esse processo de observação já faz parte do seu processo de cura. Portanto sugiro que faça com bastante carinho e atenção.

Eu, Anna Luisa, sempre fui muito desapegada e por muito tempo até achava que isso era bom. Até perceber que de uma forma um tanto quanto estranha, não podia pegar nada para mim, nada podia ser meu. Lembre-se da relação das coisas materiais com os relacionamentos interpessoais. Exatamente. Nos meus relacionamentos também não conseguia me apegar a ninguém. Simplesmente deixava ir embora. Não me sentia merecedora das coisas, de carinho, e acabei ficando quase sem nada. Quase sem roupas, quase sem dinheiro e quase sem as pessoas que eu tanto amava. Sempre me mostrava presente em minhas relações e sempre dava o meu melhor. Só que, em algum determinado momento, quando a pessoa se aproximava muito de mim e começava a se sentir pertencente à minha vida, eu começava a me ausentar, para que, de alguma forma, ela se afastasse. Lembre-se de como interpretei minha situação de abandono. Pois é, fazia isso de maneira totalmente inconsciente. Lembro-me de uma situação em que isso ficou bem claro para mim, não no momento em que ocorreu, mas no meu período de observação e cura. Durante certo tempo em minha vida trabalhei como assistente social junto com uma equipe de trabalho muito boa, muito unida, parecíamos uma família. Semanas antes do meu aniversário, a equipe me disse que faria uma comemoração para mim no nosso local de trabalho. Devido à minha sensação de não merecimento e a não aceitação, justamente naquela semana tive uma crise de pânico muito forte. Viu? Parece algo simples, mas acabei faltando ao meu próprio aniversário. Nesse momento, peço imenso perdão a todos que decepcionei. Naquela época isso ainda não era consciente para mim.

Outra história bem interessante foi a minha festa de formatura que a duras penas paguei, vendendo cachorro quente na faculdade e muitas rifas; meu lindo vestido comprado na promoção e pago em dez vezes no cartão de crédito com o emprego que havia arrumado como secretária de um escritório de engenharia. Lembro que no momento da festa de formatura, todos os formandos receberam uma caixa de bombons finos para levarem para casa, e o que eu fiz? Dei todos para os meus convidados, ficando sem nenhum para mim. Ninguém entendeu muito bem porque fiz aquilo e confesso que até eu não havia me dado conta naquele momento do quanto não me sentia merecedora de tudo aquilo.

Ao tornar isso consciente e ao perceber que estava magoando as pessoas que mais amava, fiz de tudo para mostrar o quanto aquelas pessoas eram especiais para mim e que elas poderiam permanecer na minha vida. Todas as pessoas que estão em minha vida hoje são extremamente especiais e cada uma tem um lugar muito especial em meu coração.

Nesse momento, peço que você se lembre gentilmente de cada pessoa que você ama e que gosta de ter por perto, as que te fazem se sentir realmente especial. Pense em cada uma delas, os momentos especiais que passaram juntos e agradeça por tê-las em sua vida. Isso lhe trará muito conforto e seu coração se encherá de alegria. Peço também que, caso sinta que tenha desapontado alguém, mesmo que inconscientemente, traga a pessoa magoada à memória e lhe peça desculpas. Isso também lhe ajudará bastante no seu processo de cura.

Ao observar minha história, percebi que em grande parte da minha vida me contentei a viver a maior parte do tempo dentro de um quarto. Como se não sentisse fazer parte da minha família, ou que não merecesse compartilhar dos momentos em família. Boa parte da minha infância e na minha adolescência vivia dentro do meu quarto, sozinha. Na minha adolescência e uma parte da minha vida como adulta morei de favor na casa de outras pessoas e, aí sim, que meu quarto virou o meu mundo. O mínimo era o suficiente e, de alguma forma, contentava-me somente com isso. Essa era a minha "realidade", era o meu limite, a única possibilidade que enxergava.

Nos meus empregos, apesar de ser bastante qualificada, não conseguia ser bem remunerada. Assumia cargos de confiança e de alta responsabilidade, porém, o salário não condizia com o meu trabalho. Nos meus relacionamentos, como havia dito, não era diferente. Sempre escolhia os caras mais "complicados". Como se tivesse a missão de ajudá-los. Não que eu quisesse ou fizesse questão disso. Algo muito mais forte me conduzia a percorrer esse caminho, a ver somente esses perfis como única possibilidade de relacionamento para mim. E vocês irão entender mais para frente que força é essa que nos leva a fazer, muitas vezes, coisas que não nos agradam e que, muitas vezes, fazem-nos mal.

Em meus relacionamentos sempre fazia de tudo e mais um pouco e raramente era reconhecida por isso. Eu, Anna Luisa, tinha na minha mente como programação "instalada", de que quando se entra em um relacionamento deve-se fazer de tudo para que a pessoa se sinta especial e feliz. Também acreditava que o bem que fazia também iriam querer fazer por mim, mas não era bem isso o que acontecia. Não que se tratasse de uma troca. Devido ao meu sentimento de não merecimento, não me relacionava com quem estava disposto a doar, pois afinal, inconscientemente, não merecia receber. Demorei bastante tempo para perceber isso. E você não precisa de uma vida inteira para ver isso, certo? Você pode analisar, neste momento, como são as suas relações de uma forma geral e com o que você tem se contentado. O que você recebe ou com quem você se relaciona é realmente o que você merece? Você se sente feliz e preenchida ou sente que está cansada, que tem feito demais? É importante que saibamos filtrar quem nos faz bem de quem nos traz qualquer desconforto. As pessoas que nos fazem bem, que saibamos manter por perto sempre, com muito carinho e a atenção que merecem. As que nos trazem desconforto, que saibamos simplesmente nos afastar sem medo e sem culpa, apenas para o nosso próprio bem. Quando falo nosso, sim, sempre para o bem das duas pessoas.

Nosso comportamento em nossos relacionamentos está diretamente relacionado à forma como foi planejada a nossa gestação, as emoções que nossa mãe viveu nesse período e as experiências que tivemos na nossa primeira infância. Essa é uma parte muito importante que irá explicar um pouco melhor o porquê do meu desapego e do sentimento de não merecimento.

A IMPORTÂNCIA DA GESTAÇÃO

Minha mãe me contava que mesmo eu tendo sido planejada e desejada como menina, houve alguns acontecimentos durante a minha gestação que talvez não permitissem que eu viesse para esse mundo. Quando ela estava grávida, em uma das consultas de acompanhamento pré-natal, ela havia caído da maca de barriga no chão. De acordo com ela, a maca quebrou assim que ela deitou. Foi um tombo muito intenso, ela caiu de barriga no chão e feriu a perna profundamente com uma parte da maca que se partiu. Em algum momento ela até achou que teria me perdido.

Além de tal acontecimento, durante o parto também houve complicações. Minha mãe teve princípio de eclampsia e a mesma relata que sentiu uma dor de cabeça enorme, dor de cabeça que senti durante muito tempo na minha vida. A equipe médica chegou a se questionar se haveria a possibilidade de manter mãe e filhas vivas.

Naquele momento, mesmo sendo um bebê, meu cérebro registrou que eu havia causado dor e sofrimento a minha mãe e que talvez não merecesse viver. Perceba como um registro inconsciente, que talvez pareça algo simples, pode interferir em toda sua vida.

Tive crises de enxaqueca desde pequena, de ir sempre parar no hospital para ser medicada. Os remédios comprados em farmácia não faziam efeito, mesmo que consumidos em excesso. Meu corpo todo se anestesiava, mas a dor de cabeça não parava. A dor era tão intensa que na maioria das vezes eu vomitava. No início, minhas idas ao hospital eram para receber medicações/injeções com medicamentos mais "comuns", mais leves, até que esses começaram a não fazer efeito também. Em uma de minhas crises, parecia que minha cabeça ia explodir e gritava de dor no hospital. Achei que naquele dia eu teria um aneurisma ou algo do tipo. Até mesmo os remédios mais fortes não fizeram efeito, tiveram que injetar morfina e após algum tempo conseguiram controlar a dor. Também tive crises de pânico intensas durante quase toda minha vida. Na maioria das vezes e, geralmente, quando estava diante de uma conquista, eu mesma me sabotava. Como se não merecesse algo tão bom. Percebem como os fatores intrauterinos interferem e muito em nossas vidas?

Durante muito tempo, tive muito medo. Meu medo era de conseguir vencer, afinal, de acordo com meu inconsciente, nem merecia estar aqui, certo? Essa era a informação que minha mente me passava o tempo todo. Parece algo simples, não é mesmo? Porém, enquanto isso era inconsciente para mim, em inúmeras situações as enxaquecas me perseguiam, deixei meu pânico tomar conta de uma forma que não enxergava nada a minha frente, como se meu cérebro simplesmente desligasse. Essas situações realmente me fizeram perder várias oportunidades. Somente enquanto isso era inconsciente para mim. Carreguei isso uma vida inteira e sofria muito sem saber o motivo. Quando obtive essa informação e isso se tornou consciente para mim, observei com carinho que tudo o que aconteceu era o que tinha que acontecer em minha vida de acordo com a consciência que eu tinha até então e, a partir daquele momento, não aceitaria mais aquilo para mim. E que eu merecia, sim, ter uma vida saudável e ser imensamente feliz. Portanto trago esse conhecimento nesse momento para que você acesse as informações necessárias e que também torne consciente algo que tanto lhe incomoda e que talvez tenha atrapalhado sua vida até então.

Portanto tente-se lembrar das histórias e dos detalhes de como foi a sua gestação, seu parto e a sua primeira infância. Sugiro que registre essas histórias e observe como você se sentiu diante delas. Bem ou mal? Observe como seu corpo reage ao relembrar as histórias e qual emoção lhe vem à cabeça. Anote exatamente tudo, tudo o que vier será importante, não descarte nenhuma informação e veja como seu corpo reage. Se você ficará tensa, como ficará a sua expressão facial, se suas mãos irão se contrair, o que vier... Anote e observe. Esse passo também será muito importante para o seu processo de cura e transformação pessoal.

OS PROGRAMAS, AS POSSIBILIDADES E A PROSPERIDADE

Todos possuímos programações únicas que são formatadas em nós, mesmo antes de nascermos. Vêm pra gente e com a gente através de gerações, devido às histórias da nossa família. Tudo que ocorreu com nossos antepassados, de alguma forma, repete-se em nós para que possamos liberar as cargas emocionais que ficaram registradas na memória da família.

Ocorre também durante o processo de gestação e na nossa primeira infância. Essas programações são a forma como você se mostra no mundo, o seu jeito de ser, exclusivamente seu. Viemos a este mundo com dons e talentos únicos, exclusivos, que, se usados da forma correta, você, certamente, viverá uma vida próspera.

Bom, antes de revelar mais um segredo, é importante e gostaria de te perguntar o que seria prosperidade para você? Muito se fala dessa prosperidade, mas eu mesma não sabia o que era isso.

Para muitos, ser próspero é ter muitas joias, coisas caras, uma mansão etc. Isso é prosperidade para os outros, mas lembre-se de que aqui estamos falando de você, certo? Então pense, agora, o que você precisaria para ter uma vida feliz?

No meu caso, boa parte da minha vida quis ter coisas que alimentavam meu ego. Eram ótimos alimentos para minha mente, mas que em nada agregavam ao meu coração, a quem eu era de fato. Percebi, depois de algum tempo, que mesmo tendo muito dinheiro, um "nome", um bom carro, tudo isso não me fazia me sentir próspera, pois não estava conectado a minha essência e eram coisas apenas superficiais.

Depois que tudo passou (em breve você saberá o que foi que passei), percebi que me sentiria próspera com algumas coisas bem pontuais e muito mais simples do que havia criado na minha mente. Percebi que a prosperidade está ligada, principalmente, ao fato de você ser próspera de você mesma. Ou seja, você é sua maior riqueza, o restante vem por consequência. É importante, aqui, ressaltar que você atrai aquilo que você é. Quando você perceber que você é seu maior tesouro, várias outras preciosidades se mostrarão em sua vida.

Após todo meu processo de cura e liberações percebi que a prosperidade para mim era: eu e nossa filha terem saúde, um parceiro de vida que pudesse caminhar junto comigo nesta jornada aqui na Terra; uma casa, que seria minha para que sempre pudesse ter para onde voltar; um carro seguro para que pudesse viajar e levar meu trabalho para onde eu fosse e uma fonte de renda vitalícia, que me desse o necessário para me alimentar bem, ter uma boa saúde e pagar pelos serviços que eu utilizasse. Mas essa é a minha visão de prosperidade. Pense, neste instante, qual é a sua visão. O que realmente te deixaria feliz, preenchida por dentro?

Ah! Aqui é importante ressaltar que para alcançar a sua prosperidade de fato, para que você não perca tudo ou viva apenas uma vida superficial, lembre-se de que é necessário que você se sinta merecedora, que seu passado esteja em paz, que sua prosperidade esteja ancorada em seus sonhos e em sua essência, e que seja conquistada através dos seus maiores dons e talentos. Caso contrário, sim, haverá muito dinheiro, mas logo desaparecerá ou você mesma não reconhecerá o real valor dele.

Também é importante lembrar que caso você queira alcançar a prosperidade para provar algo para alguém, sugiro que você pare e repense se realmente vale a pena fazer dinheiro em cima de qualquer sentimento ruim. Qual o preço você e outras pessoas pagarão por isso? Realmente vale a pena? Faça essa reflexão por um momento e perceba o que você sente. Sugiro que anote isso também.

"Tenha o necessário para ser feliz".

Quantos momentos, quantas horas, quantos dias, quantos meses valiosos nós trocamos por um carro de luxo, que agora está estacionado na garagem? Por uma bolsa de marca, que agora está dentro do guarda-roupa como uma peça qualquer? Por joias, que nada mais são do que pedaços de metal e pedras? Trocamos nosso bem mais valioso – nosso tempo, nossa vida – por coisas que não fazem sentido algum. Olhe para tudo que você tem a sua volta e veja em que você gastou o seu tempo e se valeu a pena... Boletos, con-

tas, noites sem dormir, para que, afinal? Se agora não tem ninguém para mostrar o quanto você perdeu tempo tentando provar algo que você não era, tentando ser alguém que você nunca foi.

Repense seus hábitos, reveja suas prioridades e como você tem gasto o seu tempo.

Seja mais gentil com você mesma. Carros, bolsas, joias não comprarão sua felicidade.

Lembre-se: seu tempo está passando, cada minuto conta e cada um que passa é um minuto a menos. Aproveite seu tempo com o que realmente vale a pena, com o que te preenche por dentro e te faz realmente feliz.

Muitas pessoas se questionam quanto aos seus dons. Não conseguem reconhecer em si seus próprios dons e talentos. Isso é comum porque, frequentemente, costumamos admirar nos outros o que gostaríamos de ter em nós. E por que isso acontece? Todos nós nascemos livres, únicos e especiais, porém, quando somos expostos ao mundo e de acordo com que convivemos com outras pessoas, viramos alvo de comparações e aí começamos a nos modelar no que os outros acreditam que seja melhor para a gente. Ninguém faz isso por mal. Muitas vezes até pensam que estão fazendo o bem para a gente quando nos comparam com alguém que se destacou de alguma forma para que possamos ter alguém a quem se inspirar. Mal sabem eles que nós mesmos somos a nossa maior fonte de inspiração.

Muitas vezes, temos os mesmos talentos de outras pessoas, porém não nos destacamos por isso. E o que, afinal, diferencia-nos daquelas pessoas que se destacaram? E aqui está mais um segredo. Aqueles que se destacaram, souberam juntar seu maior dom com seu maior talento, os quais iriam servir a muitas pessoas. Reconheceram isso em si e mantiveram vivos os seus sonhos, independentemente do que acontecia aqui fora.

Para explicar um pouco melhor: dom é aquilo que já nasce com você, vem de "fábrica", e talento é algo que você adquire com o tempo, durante as atividades práticas do dia a dia, o que você costuma fazer com determinada frequência.

Eu, por exemplo, nasci com o dom da escuta e o dom da fala. O dom da escuta sempre usei com bastante sabedoria, pois desde pequena sempre fui uma ótima confidente e nunca gostei de fofocas. Geralmente, as pessoas confiavam a mim seus maiores segredos, pois sabiam que estariam bem guardados. Já o dom da fala, infelizmente, eu não sabia usar com a mesma sabedoria que o dom da escuta. Usei por muito tempo de uma maneira totalmente equivocada, constantemente, para ofender e agredir as pessoas. Levei algum tempo para aprender a usá-lo da forma correta.

Em relação aos meus talentos vou citar aqui alguns para exemplificar de uma forma bem simples para que você também descubra quais são os seus. Entre os meus talentos estava o de cantar relativamente bem, cozinhar bem, ser organizada, criativa etc. Mas o meu maior talento mesmo sempre foi o de resolver problemas. Diante de alguma situação problema, eu sempre apresentava uma saída, uma solução. Creio que meu maior talento tenha sido sempre o de olhar pelo Outro Lado. E talento é isso, algo bem simples que você faz todos os dias e que você consegue realizar com maestria.

Com o tempo e após muito aprendizado com a vida percebi que somente quando usamos nossos maiores dons e talentos nos destacamos dos demais. Quando parei de observar no outro o que ele tinha de melhor e comecei a identificar o que havia de melhor em mim e de como isso serviria a muitas pessoas, minha vida começou a prosperar. Agora, sim, da forma correta.

Sugiro que faça esse exercício também. Identifique qual seu maior dom e seus maiores talentos. Pode ser mais de um dom (o que você sempre fez muito bem, sem ninguém te dizer que era para ser feito) e dez dos seus talentos (coisas que você faz no dia a dia de forma satisfatória). Desses dez talentos, retire cinco que só servem a você e a sua família (por exemplo, o fato de eu cantar bem só servia a mim e cozinhar bem só servia a nossa família). Depois, vá excluindo os que servem muito mais a você do que a qualquer pessoa, aqueles que somente servem para você se sentir bem, que fazem inflar o seu ego. Após essa seleção, sobrará apenas um talento, e aí estará o seu maior talento. Aquele que irá servir a muitas pessoas e, consequentemente, fará de você uma pessoa próspera. Esse é um grande segredo e aí estará uma das chaves para o seu sucesso. Faça esse exercício com calma e bem atenta, para não achar que o que te agrada mais seja aquilo que mais servirá aos outros. Nossa mente, nosso ego, costuma querer nos agradar nesse momento. Não caia nessa armadilha, certo? Lembre-se que dons e talentos não lhe foram dados para servir exclusivamente a você, foram concedidos a você para servir a muitas pessoas, caso contrário não faria sentido algum.

Insisto em dizer e preciso que você se lembre de que você é uma pessoa especial. Somente você tem os seus dons, os seus talentos e a sua história. O que te torna exclusiva, com o seu próprio jeitinho de ser no mundo. Portanto vale relembrar que é necessário que você ame cada pedacinho seu, porque cada pedacinho importa e, acredite ou não, você tem a sua marca pessoal no universo, você é, sim, muito especial. E se você ainda não se sente assim, recomendo que você realmente leia este livro até o final.

Eu, Anna Luisa, por exemplo, sempre tive que fazer tudo "errado", ou diferente de tudo que haviam feito, para, então, aprender a fazer do meu jeito, que, no final, era o jeito certo.

No fundo acredito que todos nós saibamos o que é o certo, porém nos distraímos com o que o mundo nos diz, e acredito que talvez essa seja a forma para que possamos aprender e consigamos evoluir nesse planeta.

Aprendi da forma mais difícil e acredito que deveria ser assim. Caso contrário nem haveria história para que eu pudesse escrever este livro. Afinal, tudo acontece para um bem muito maior do que nossa mente possa construir ou até mesmo imaginar.

COMO OS SONHOS SE TORNAM VERDADE

Quem me vê hoje, totalmente independente e saudável, com uma família incrível e uma fé inabalável, não tem ideia do que tive que passar para chegar até aqui. Muitos riram quando eu falava dos meus sonhos e muitos continuarão rindo. E está tudo bem com isso.

Se há uma coisa que aprendi é que além de não se comparar com ninguém, o único parâmetro que você deve usar é você mesma. Ou seja, sempre olhe para o lugar que você está. Se estiver confortável pra você, quem mais poderá dizer o contrário? Porém acredito que se você adquiriu este livro é porque você deseja muito que algo mude aí dentro também. Bem, isso é algo em que eu acredito, e isso não importa muito. O que realmente importa é que você acredite que merece uma vida muito melhor, uma vida muito mais feliz.

"Saia da sua zona de desconforto".

Temos o costume de dizer que é muito difícil sair da zona de conforto. E é difícil exatamente porque repetimos isso frequentemente. Observe exatamente o que você diz. Se é uma zona de conforto é porque está confortável. Então não há porque sair dela, certo?

Algumas situações podem nos parecer confortáveis porque estamos habituadas a fazê-las e não enxergamos outras possibilidades.

Perceba que aí, onde você está, é sua zona de desconforto. Você não quer mais ficar aí. Portanto saia da sua zona de desconforto. Faça algo diferente, dê-se novas possibilidades, tenha um foco e se surpreenda com os resultados.

Somente você poderá viver a sua realidade. Esse é um segredo que demorei muito tempo para aprender. E de repente, você, neste momento, ainda está agarrada nessa sua história, que já não te traz mais benefício algum. Mas tudo bem, cada um tem o seu tempo e decide viver no tempo que quiser. Acredito que esse livro te ajudará a pensar um pouco diferente. Novamente, isso é o que eu acredito. E isso é o que sei fazer de melhor, acreditar nas pessoas.

"Enquanto o passado for o seu presente, você nunca será presenteado com o agora".

Quantas de nós insistimos em ficar presas às histórias do passado, às lembranças de um relacionamento que não foi bom, às situações em que fomos magoadas, às vezes em que nos decepcionamos ou que nos sentimos sós... Precisamos nos lembrar de que o quer que tenha acontecido já está em outro momento, já ficou para trás, já não faz mais parte do agora, do momento presente.

Sofremos porque teimamos em manter as histórias do passado vivas em nosso presente, sempre as alimentando com mágoa, tristeza, raiva, até medo, e, assim, nós nos tornamos cegas às infinitas possibilidades que a vida nos proporciona no momento presente, no agora.

A vida tem tentado lhe mostrar tanta coisa bonita... O sol que nasce ao amanhecer, o cheiro de chuva ao cair no chão, o perfume das flores, os pássaros que cantam na sua janela, o olhar de alguém que te admira... Você tem sido presenteada todos os dias. Perdoe o seu passado, reconheça que tudo serviu para o seu crescimento e se permita receber o presente do agora.

UM POUCO MAIS DA MINHA HISTÓRIA

Vamos lá, começando pelo fim... Hoje sou conhecida por muitas pessoas e muita gente já sabe da minha história. Aos poucos fui sendo conhecida por meu trabalho e confesso que não sei bem ao certo que trabalho é esse, porque não o vejo assim.

Trabalho, para mim, durante muito tempo, era algo rígido, realmente trabalhoso de se fazer, e o que fazia não me dava trabalho algum. Simplesmente fazia e os resultados eram sempre imediatos. Muitas pessoas diziam que dava um tipo de "start", uma luz, algo que elas procuravam há muito tempo. Um tipo de cura, que geralmente vinha acompanhada do choro, o choro que limpa, que liberta e que dá um lugar de paz.

Eu também já precisei dessa luz, desse start. Tive que aprender a primeira vez a dar meu próprio reset sozinha, a reiniciar. Depois, ao longo da minha caminhada de desenvolvimento humano, tive vários anjos que me guiaram pelo caminho. E foram muitos, cada um com seu jeitinho muito especial.

Acredito que tenha sido necessário que eu descobrisse esse caminho dessa forma, para que, então, pudesse ajudar outras pessoas. E é exatamente isso que estou fazendo aqui, por meio deste livro. E, talvez, consiga te ajudar também.

Precisei aprender da pior forma, ou da melhor talvez, que eu não havia nascido para ser forte. Sim, tive que ser forte durante muito tempo porque foi realmente necessário. Assim como praticamente todas as mulheres da minha família. Todas foram mulheres muito fortes.

Só que esse não era o meu verdadeiro caminho por aqui. Vim para este planeta com uma missão, com meus dons e talentos, para usá-los com sabedoria e, por muito tempo, eles ficaram guardados ou foram usados da maneira equivocada. Afinal, ainda não sabia disso. Eles não tinham sido usados para o bem comum, foram usados, durante muito tempo, somente para mim, para minha defesa, e, assim, acabei machucando muita gente.

Muitas vezes, devido às histórias que guardamos, acabamos nos defendendo de algo que talvez nem exista mais. Vemos inimigos em todos os lugares e esquecemos que os piores inimigos estão dentro de nós. São as nossas próprias sombras, as nossas próprias verdades.

Todo o caminho que me trouxe até aqui fez parte do meu aprendizado e acredito que tenha sido para as pessoas que conviveram comigo também. Afinal, também sou um ser humano. Tive que errar para aprender com meus erros e, assim, crescer de verdade. Aprendi com tudo que passei e passei, então, a olhar apenas para O Outro Lado. Escolhi o lado certo dessa vez. E, realmente, espero te convencer até o final deste livro que você escolha esse lado também.

"A cada um cabe o preço de suas escolhas".

Temos um universo de possibilidades diante de nós e precisamos, inevitavelmente, fazer algumas escolhas. Diante de cada escolha feita há um resultado a ser obtido. Diante de um tipo de semente plantada há um tipo de colheita. Portanto observe quais escolhas você tem feito e quais benefícios elas têm lhe trazido. Coloque-os em uma balança. Ficar onde você está é melhor do que outra possibilidade qualquer? Qual preço você tem pagado por ter feito essa escolha?

Eu, você e todas as pessoas do planeta, estamos expostos a escolhas e consequências. Por isso não nos cabe julgar ou condenar alguém. Não sinta raiva ou deseje o mal a alguém. Essa também é uma escolha sua e, como qualquer escolha, você terá o retorno desse tipo de pensamento. Então sugiro que escolha bons pensamentos, escolha um novo caminho, teste novas possibilidades... Sempre se lembrando das consequências. E se forem boas escolhas, boas surpresas virão.

Antes de começar a realmente ser conhecida pelo meu trabalho, bem pouco tempo antes disso, eu estava sentada no meu sofá comprado em 10 vezes no cartão de crédito emprestado do meu irmão e, por acaso, os pagamentos estavam atrasados. Compartilhava uma TV por assinatura com outras pessoas, onde encontrava várias opções de filmes e desenhos podendo pagar apenas dez reais por mês, e mesmo dividindo o valor da assinatura, as parcelas também estavam atrasadas. Mais de seis meses de assinatura e mais sessenta reais pendurados com o meu irmão.

A compra de comida da casa em que eu morava, casa essa que também não era minha. Ah! Adivinhem de quem era a casa? Sim, era do meu irmão... Podem rir ou ficar com raiva de mim neste momento. Esse é o processo. Esse é um livro para se observar e perceber o que vem à sua cabeça no momento da leitura. Peço que você realmente observe e anote tudo o que você sente ao ler a minha história. Esse será o seu manuscrito, o seu caminho de volta.

Lembre-se: é normal que você, assim como qualquer ser humano, julgue ou interprete a história da forma mais confortável para que sua mente assimile o conteúdo. E está tudo certo com isso.

Nós, seres humanos, ainda precisamos dar significados a tudo que vemos, ouvimos, sentimos etc. Essa é uma necessidade da nossa mente, da mente humana. Indico que apenas leia e sempre se observe.

Voltando à compra de alimentos da casa em que eu morava. Ela era feita por meus pais. Na maioria das vezes almoçávamos e jantávamos na casa deles. Mamãe fazia questão que fizéssemos assim, ela se sentia bem. E acabava que eu me sentia bem também. Sempre me lembrava de elogiar a comida, mesmo que ela perguntasse diversas vezes como havia ficado. Minha mãe tinha uma necessidade muito grande de receber elogios. Ela funcionava assim. E sempre que eu a elogiava, ela sorria e falava: "Foi de gosto!". E, assim, ambas ficavam bem. De maneira consciente, pelo menos de minha parte, eu atendia à necessidade de ela ser elogiada e ela atendia à minha necessidade tê-la presente em minha vida.

Vocês irão perceber o quanto é importante se atentar aos detalhes. Algo que para você pareça tão bobo, um simples elogio, um momento de atenção, um conselho, seja algo tão simples. E, talvez, você ainda não saiba o quanto você é extremamente importante. Cada ação sua conta e muito para o outro, seja ela boa ou ruim. Que façamos mais as boas, visto que estamos neste mundo em um caminho de crescimento e evolução.

> *"Uma única gota de orvalho é capaz de florir a mais bela flor".*

> *Muitas vezes, pensamos que o que falamos, ou um momento de atenção que oferecemos a alguém não tem valor algum.*
> *Mal sabe você que aquela única palavra, aquele momento de escuta, era exatamente o que aquela pessoa mais precisava naquele momento para encontrar o seu próprio caminho de luz. Essa pessoa viu em você uma gota de esperança. Portanto, por onde for, leve com você sempre o melhor que você tem a oferecer e floresça o coração de alguém. O que fazer exatamente? Não importa. Apenas esteja presente e faça daquela uma experiência única, um momento especial. Não perca essa chance, pois você nunca saberá quando ela poderá acontecer novamente.*

Não sei por que, mas por pior que as coisas parecessem ruins aqui, do lado de fora, algo aqui dentro me "dizia": "Faça o que é certo". Minha mente me "dizia": "Continue aí, é o seu único caminho". E meu coração "dizia": "Você merece outra chance". Então decidi parar de sofrer e dei uma chance para o meu coração. Não aceitaria aquele destino para mim, muito menos para nossa filha e para as próximas gerações que viessem a seguir.

Mesmo tudo parecendo tão feio aqui do lado de fora, nunca gostei de mentiras. E entre mentir ou sair de uma relação, sempre preferi sair ou falar a verdade. Sugiro que comece a fazer isso também.

A mentira aprisiona e você permanece parado no mesmo lugar para sempre. A mesma história precisará se repetir inúmeras vezes até que você diga a verdade, principalmente, para você mesma.

Sugiro que jogue sempre limpo, primeiramente, com você. Saiba das suas capacidades e também das suas limitações. Não se julgue, nem se cobre demais. Não tente mascarar os seus defeitos, pois, assim, você estará encobrindo a sua própria verdade e quando menos perceber você mesma não se reconhecerá mais.

Passei exatamente por isso. Não mentia para os outros, mentia para mim mesma e, em algum momento, eu me perdi. Não vivia mais as minhas verdades. Vivia para os outros e não para mim. Um mundo de aparências, que, para mim, não fazia sentido algum. Já não vivia mais. Acredito que apenas sobrevivia... E logo, logo, você vai entender que há uma diferença muito grande entre viver e sobreviver.

Bom, em relação aos meus pais e as compras. Para Cecília (nossa filha), eu pedia que eles comprassem os biscoitos, o suco e as frutas que ela gostava. Neste instante, alguém pode estar se perguntando por que eu não trabalhava fora ou, então, por que eu não usava a pensão de nossa filha para as compras. E eu te respondo o porquê, sempre com a verdade. Como disse, nunca gostei de mentiras. Não trabalhava fora porque estava procurando entender como havia me perdido, refazendo o meu caminho de volta e escrevendo este livro, que, hoje, talvez, possa te ajudar também, assim como já ajudou a muitas mulheres.

A minha renda mensal vinha do valor das parcelas da minha empresa, que havia vendido em várias prestações. Do valor total da venda, tinha recebido oitenta mil reais de entrada e o restante foi dividido para que os compradores pagassem mensalmente. Foi feito um acordo: meu nome ficaria na empresa até que eles quitassem o valor total da compra do negócio. Essa era a garantia para que eles pagassem as prestações, caso contrário a empresa voltaria em valor total para meu nome. Empresa esta, que no decorrer do meu processo de cura e mesmo antes de acabar de escrever este livro, fora vendida novamente para terceiros e o valor totalmente quitado comigo, garantindo o encerramento de um ciclo marcado por dívidas e o começo de um novo ciclo próspero. Afinal, já estava do Outro Lado.

E cadê esses oitenta mil reais, você pode estar se perguntando? Foram utilizados para pagar as dívidas e empréstimos da própria empresa. Mais da metade do restante das parcelas foram utilizados para o pagamento de dívidas da empresa também. Em resumo, o valor que eu recebia mensalmente era muito baixo. Esse valor usava para pagar os cursos de especialização para entender melhor o comportamento humano e para pagar o financiamento estudantil que havia usado para cursar minha faculdade de Ciências Biológicas.

A empresa tinha sido fundada quando tranquei a faculdade de Biologia, como uma forma de sobrevivência, e explicarei adiante também. Como não consegui continuar com a empresa sozinha, pois além de todo abalo psicológico que havia passado após a separação, estava longe da minha família e tinha nossa filha de dois anos para cuidar, e como eu havia decidido ficar mais tempo com ela, optei por vender a empresa, mesmo que num valor muito mais baixo do que realmente havia sido investido. Foi, certamente, a melhor escolha.

"Quem não quer abrir mão de nada fica exatamente com tudo; inclusive, com os problemas".

Em muitas ocasiões na nossa vida precisamos abrir mão de algumas coisas que parecem ser tão grandiosas aos nossos olhos e que, no final, você acaba percebendo que eram apenas coisas, objetos ou relacionamentos horríveis. Vendemos a nossa paz a um preço muito baixo. Enquanto insistimos em ter tudo, em ter o controle de tudo, em ter todas as pessoas, mesmo que não te tragam conforto por perto, assumimos também a grande responsabilidade de arcar com as consequências de exatamente tudo. Observe quantas coisas você tem, quantas pessoas que não te agregam em nada e que você mantém por perto apenas para fazer número, quantidade.

Reflita se realmente é isso tudo que você quer, se realmente isso te traz mais soluções ou mais problemas e qual o preço que você tem pagado por assumir algo muito maior do que você realmente precisa. Você está realmente disposta a pagar o preço? Ou seria melhor abrir mão de algumas coisas e viver um pouco mais em paz?

E em relação à pensão... Bem, o valor que o pai de nossa filha se dispôs a pagar era realmente muito baixo. Era usado para comprar algumas roupinhas e as coisas que ela gostava. Afinal, ela já estava se privando de muita coisa porque sua mãe estava tentando fazer algo diferente do que todo mundo já havia feito.

Digamos que, naquele momento, eu era a única esquisita da família. A que, aos 32 anos, era a única divorciada (até então) de ambas as famílias (materna e paterna), a que era toda tatuada, a que já tinha duas faculdades, uma pós e não tinha nenhum emprego. A que ficava o dia inteiro trancada dentro de casa estudando a tal da mente humana e seus mistérios. Muitas pessoas da minha família ficavam realmente curiosas em saber o que havia acontecido comigo, pois eu havia "sumido".

Pouca gente me conhecia na cidade em que eu morava. Apesar de ser uma cidade de interior e de quase todo mundo se conhecer, quando raramente eu ia até o centro da cidade, muitos me perguntavam se eu era dali mesmo porque nunca haviam me visto. Perguntavam-me até se eu era estrangeira, devido ao meu um metro e oitenta de altura, minhas muitas tatuagens e meus cabelos bem curtos. A maioria das pessoas se conhecia ou conhecia alguém que te conhecia. Muitos poucos sabiam da minha existência, ou, então, as que tinham me conhecido um dia, já não me reconheciam mais. Realmente, eu havia mudado muito desde que frequentava os barzinhos da cidade, quando fazia "parte" da sociedade. E vocês não têm ideia de como eu amava não ser conhecida.

Vale citar um pouco sobre a cidade em que residi uma parte da minha adolescência e a que fez parte de todo meu processo de cura. Essa cidade tinha algum poder de cura. Muitas pessoas que vieram de outros lugares residirem aqui me falavam isso. Não sei ao certo o motivo. Talvez, devido ao relevo bastante acentuado e à mata ainda nativa que cercava a cidade. Isso trazia para os moradores, aqueles que se permitiam ver, um ambiente leve, um ambiente de cura e paz. Como se fosse uma mãe, que proporciona os recursos necessários e prepara seu filho para dar o próximo passo. Cidade essa que após dezenove mudanças no decorrer da minha vida, resolvi fazer morada. Afinal e enfim, havia encontrado o meu lugar.

Sempre gostei de ser livre e não tinha a necessidade de ser reconhecida ou vista por alguém. Fazia o que precisava ser feito, sem que precisassem saber que eu havia feito. Muitas pessoas têm essa necessidade. A necessidade de ter um nome, de ser alguém para a comunidade ou sociedade em que vivem. Essa também é uma necessidade da mente. Acredite, quanto mais você fizer para que os outros saibam, menos você fará para você mesma. Em busca de status ou fama se esquecem de quem realmente são e muita gente se perde nesse caminho. Vale ressaltar aqui que fama é totalmente diferente de sucesso. O sucesso significa que você deu certo, que conseguiu alcançar seu objetivo, a fama nada mais é do que um alimento para o ego e, como já havia dito antes, é apenas ilusão, não preenche nem agrega em nada no que você é de verdade.

Confesso que nesse aspecto, para mim, foi mais fácil essa parte do retorno para comigo mesma, visto que nunca me importei muito com o que as pessoas pensavam de mim. Geralmente, usava as roupas que gostava, não tinha ideia de qual era a moda do momento e via muito pouca televisão ou as tendências. Noticiário, nunca via porque sabia que quem fazia minha realidade era eu, então, pouco me importava o que acontecia lá fora, pois o que precisava acontecia dentro de mim. Bastava ser uma boa pessoa, ter um consumo consciente e estava tudo certo.

Disse a vocês que eu era toda ao contrário... E confesso que até eu cheguei a me questionar um período da minha vida se realmente valia a pena sonhar tanto. O mundo lá fora me parecia bem mais fácil do que o caminho que estava procurando traçar aqui dentro. Festas, amigos, bebidas, cigarros, realmente pareciam ser bem mais atraentes do que uma vida dentro de casa. Só que eu descobri que não. Quando eu parecia estar sozinha, ali eu estava na melhor companhia. Estava eu, comigo mesma e minhas verdades sendo encaradas de frente, assumidas, então, com responsabilidade e total consciência.

Era a que não trabalhava fora, a que não tinha uma rotina diária de bater ponto todos os dias, o que era considerado normal por quase todos familiares. Minha avó por parte de pai sempre lhe perguntava o que eu estava fazendo e quando eu iria voltar a trabalhar. Ela ficava realmente inquieta com aquilo e eu realmente achava um tanto quanto engraçado a grande preocupação dela comigo.

Minha mãe fazia vista grossa e tentava fingir que não se incomodava de eu ficar em casa com nossa filha ao invés de segui-la para a loja, assim como ela fazia com a vovó quando esta ia trabalhar e a levava para a casa das moças em que ela fazia faxina. Soava quase como um insulto eu não assumir a empresa de meus pais, na qual eles já trabalhavam há mais de vinte anos. E, nesse ponto, eu até concordo com eles.

Realmente, foi muito difícil para eles – e para mim também –, virar as costas para tudo que eles haviam construído até aquele momento para fazer algo totalmente diferente, que nunca ninguém da família havia se arriscado.

Havia decidido não ouvir mais ninguém aqui, do lado de fora. Havia decidido ouvir apenas o meu coração. Poderia, então, voltar a acreditar em meus sonhos sem olhar para trás, sempre com foco e a esperança de que daria tudo certo. No passo em que eu já estava não podia mais voltar para trás. Seria uma injustiça muito grande comigo, com nossa filha e com todas as pessoas que haviam acreditado em mim. Era um passo muito grande, mas tinha que assumir.

Nesse momento, gostaria de lembrar que, conforme as curas e liberações forem acontecendo com você, mais próxima você estará da sua verdade. Você começará a se destacar e mais pessoas "apostarão" que você vai dar certo. Portanto se você verdadeiramente escolheu O Outro Lado, lembre-se de manter o foco no que você realmente precisa fazer e que muitas pessoas acreditam em você. Continue no seu caminho, confie e não olhe para trás.

Nesse momento da mudança havia percebido que seria eu, ou teria que ser a nossa filha, que assumiria essa história novamente. Então decidi que seria eu. O jogo estava em minhas mãos e decidi assumir o controle. Decidi seguir em frente com a minha proposta louca de contar minha história para o mundo e levar conhecimento às mulheres para que elas também tivessem acesso às ferramentas que tive para minha própria libertação. Conhecimento esse que precisei aprender de uma maneira não muito gentil. Passei muitas noites acordadas e madrugadas entre estudos, anotações, muitas horas de meditação e observação constante. Muitas vezes me esquecia de comer, até mesmo de tomar banho, e me perdia no tempo, encaixando as peças do meu quebra-cabeça, juntando uma peça na outra para montar o meu manuscrito e refazer a minha história. E, neste momento, você está tendo a oportunidade de fazer o seu e fazer a sua história do seu jeito.

Tive que ser dura quando o que mais queria era dar um abraço. Tive que falar a verdade quando o que mais queria era falar uma palavra de conforto. Meu coração doía ao deixar a pessoa para trás com sua história. Mas eu precisava seguir em frente. E como tudo valeu a pena... Vocês também perceberão como sempre vale a pena.

"Você sempre terá duas opções, e nem sempre a mais fácil será aquela que te fará feliz".

Nossa vida se resume a escolhas. Na maioria das vezes, optamos pela escolha que nos parece mais fácil, mais confortável naquele momento; e aí é que está a grande ARMADILHA. O que parecia ser o mais fácil naquele momento e te permitiu ficar na sua zona de "conforto", ao longo do tempo foi se tornando pesado e doloroso, porque, no fundo, você sabia que você não estava feliz ali, só era mais seguro. Seja sincera com você mesma. Veja a escolha que você fez, questione-se se é a escolha mais fácil ou a que realmente te preenche e te faz feliz.

Na maioria das vezes, renunciar e admitir que não foi a melhor escolha, dar um passo pra trás, apesar de ser mais difícil, irá te levar ao caminho da real felicidade.

Permita-se fazer novas escolhas, traçar novos caminhos, viver a sua verdade e ser realmente feliz.

Como sempre falo a verdade, não vou mentir para você e dizer que foi a escolha mais fácil. Não, não foi.

Pelo contrário, foi a mais difícil, a que mais me machucava a princípio e acabava machucando os outros também. Afinal, quem gosta de ouvir não? Quem gosta de ser deixado de lado? Só que era preciso fazer o certo. Permitir que a pessoa convivesse com a própria verdade, crescesse com a própria dor e aprendesse algo com o seu próprio sofrimento. Se eu ajudasse como estava acostumada a fazer, inevitavelmente acabaria atrapalhando a caminhada daquela pessoa. Muitas vezes, ajudar atrapalha. Demorei muito para aprender isso, afinal, trabalhei como assistente social e professora e era algo meu querer ajudar. Continuo, sim, ajudando. Agora da forma certa. Ajudando a quem realmente quer se ajudar e ser ajudado.

Parece cruel da minha parte, né? "Logo ela, que dizia que queria tanto ajudar os outros"... "Ajudar dessa forma?". Sei que parece feio da minha parte. Mas sei, também, o quanto as pessoas cresceram ao verem e conviverem com a sua própria verdade e como, com o tempo, tornaram-se imensamente gratas por tudo que eu não havia feito. Engraçado isso, né?

Havia saído do posto de mal educada, ingrata, prepotente, e conseguido invadir o coração de tais pessoas com imenso amor. Porque somente diante da verdade elas conseguiriam viver a própria história e serem livres de fato.

Vale lembrar aqui que o processo de cura nunca é gentil, porque você precisa olhar para a sua verdade, perdoar o imperdoável, talvez ter que "abandonar" quem você mais ama, rasgar-se toda por dentro para que, então, o amor venha, de maneira sutil, colar cada pedacinho seu e preencher totalmente a sua vida, tornando-a a pessoa mais livre e mais feliz do universo. Lembre-se de fazer o que precisa ser feito e acredite em você. Vai ficar tudo bem.

"Pare de tentar. Apenas faça".

Tenha um foco, acredite em você e faça o seu melhor. Ao dizer que vai tentar você enfraquece, perde o foco e seu sonho se desfaz. Mantenha-se firme em seu propósito e, independentemente do que aconteça, siga em frente.

Lembre-se de que um mestre, um dia, também foi discípulo. Portanto erre, acerte e faça cada vez melhor, até que você alcance a maestria também.

Desde que eu era muito pequena via minha mãe trabalhando muito e falando que a vida era trabalhar. Casa de praia era para os ricos – "bando de metido a besta". Férias, meus pais não sabiam o que era isso há mais de vinte anos.

Via como o rosto e o corpo dela estavam cansados e eu sentia que ela também ainda tinha esperança de que pudesse ser diferente. Por mais que ela tentasse, ela só conseguia ver aquela realidade, e como uma mulher muito forte, ela não conseguia ver algo além da força. Uma mulher tem que ser forte – ao mesmo tempo em que ela afirmava isso, ela se questionava se era realmente só isso que uma mulher poderia ser. Afinal, ela, assim como minha avó e todas as mulheres da família que me antecederam, tiveram que ser extremamente fortes.

Reconheço, aqui – e contrariando muitos professores e mestres –, que a força da minha família não vinha do meu pai, dos homens. A força aqui, a força em mim, vinha da minha mãe, das mulheres. Caso contrário, eu nem estaria aqui para contar essa história. E como reconhecer isso foi bom para mim, foi libertador. Não gostava do jeitão da minha mãe de mandar, de assumir a frente de tudo. E depois de um tempo consegui entender por que isso era necessário: para a sua própria sobrevivência e da nossa família.

Por muito tempo neguei a importância de outras mulheres, como se fossem minhas rivais e eu tivesse que competir com elas. Estava fazendo tudo errado e não percebia que, ao fazer isso, estava negando uma parte muito importante de mim e de toda a minha ancestralidade. É como se eu virasse as costas e desmerecesse todas as mulheres que vieram antes de mim. Com isso perdia boa parte da minha força no dia a dia e não conseguia tomar decisões. É como se algo me faltasse. E, realmente, faltava-me: o reconhecimento.

Neste momento acho importante destacar um processo de cura que fiz ao relembrar, em uma das minhas meditações, da história de uma tia da minha avó materna, aquela para quem eu escrevia as cartas. Nós sempre conversamos muito e ela me contava muitas histórias. Uma dessas histórias foi a dessa tia dela, que fora "diagnosticada", à época, com distúrbios mentais. Muitos a chamavam de louca. Minha avó se lembrava de que essa tia havia sido trancada em um quarto. Ela gritava a noite toda e dava murros na porta. Apenas os homens da casa entravam no quarto para dar banho nela e trocar suas roupas. Roupas estas feita de algodão cru, parecidas com um vestido, apenas com o buraco para a cabeça e os braços, evitando que ela as rasgasse.

De acordo com relatos de minha avó, essa tia havia morrido ainda muito jovem e fora enterrada vestida de noiva. Não sei explicar o porquê disso.

Minha avó ainda era uma criança quando "conviveu" com essa tia. Sua mãe, no caso minha bisavó, pedia-lhe para que passasse a comida por debaixo da porta para que essa tia pegasse. Haviam feito uma pequena passagem na parte de baixo da porta para passar apenas um prato e um copo. Ao passar a comida por debaixo da porta, minha avó dizia que sentia um medo enorme, pois seu braço era muito pequenino e se não tivesse cuidado, essa tia o puxava.

Quando minha avó me contava essa parte da história, ela trancava os dentes e seu olhar ficava distante, como se tivesse voltado àquela cena. Lembro-me de que minha avó tinha o costume de trancar os dentes e eu, durante muitos anos, tive sérios problemas de bruxismo. Usei diversos tipos de aparelho, mas só obtive a cura dessa doença no momento de uma meditação de cura em que eu honrava a todas as mulheres da minha família e essa tia "apareceu" para mim, como se quisesse ser lembrada. E lembrei sim, não como a louca, mas como uma das muitas mulheres fortes da minha família, e a reverenciei. Nesse momento senti uma paz absoluta e minhas crises de bruxismo não apareceram nunca mais. Vale destacar que eu já havia feito diversos tratamentos e usado vários tipos de aparelhos para combater o bruxismo, mas os sintomas sempre voltavam. Hoje não faço uso de medicamento algum e não uso mais qualquer tipo de aparelho para esse fim. Ressalto ainda que este livro serve como instrumento para a compreensão de seus sintomas e que os recursos da medicina que existem devem ser usados de maneira consciente, principalmente em momentos de dor aguda. Portanto, este livro não garante a suspensão do uso de medicamentos e não me responsabilizo caso isso seja feito. Você não conseguirá fazer qualquer tipo de observação ou análise em caso de dor extrema, portanto, siga as orientações médicas e prossiga no seu processo de análise para demais liberações e curas.

A partir do instante em que consegui observar e honrar todo o sacrifício e toda a força que todas as mulheres haviam feito para que eu chegasse até aqui, foi como se outra chave tivesse mudado aqui dentro também.

Mesmo sem perceber, inconscientemente, eu excluía as mulheres da família ao não escrever o sobrenome da minha mãe ao assinar meu nome completo. Sempre usava o sobrenome de meu pai e o Araújo ficava para trás. Parece algo tão bobo, né? A minha vida toda usei apenas o sobrenome de meu pai para assinar documentos, fazer meus e-mails etc. Em meus vídeos e nos primeiros materiais, quando comecei a publicar, também. Quem acompanhava o meu processo chegou a me questionar por que havia mudado o meu nome de divulgação nas redes sociais. E eu respondia: "Porque agora estou fazendo o certo".

Portanto, neste momento, peço que você observe qual a relevância das mulheres em sua vida? Qual o seu olhar para a sua mãe, para as mulheres da sua família e para as mulheres do mundo? Há mais críticas ou elogios? Na sua mente, um homem executa algum tipo de tarefa melhor do que uma mulher? Observe quais os tipos de crenças que você carrega inconscientemente aí dentro e como elas estão te limitando a ver a verdade.

Em todo lugar que eu lia sobre a mente e o comportamento humano estava escrito que a força vinha do homem, a força vinha do masculino. E eu, tentando me enquadrar nas teorias, recusava-me a aceitar que a força estava nas mulheres da minha família. Não descarto, muito menos minimizo, a importância dos homens na minha família, afinal, uma energia completa a outra e sem ambas eu também não estaria aqui. E eu nada mais sou que metade feminino e metade masculino. Só que enquanto eu não via que a força vinha do feminino, eu vivia em um intenso conflito interno, porque nada se encaixava com o que eu havia lido ou pesquisado até aquele momento.

Cheguei a pesquisar no Google porque não havia mestres mulheres. E acreditam que nem o Google teve uma reposta para isso? Só encontrava as mulheres como deusas ou parceiras de grandes mestres, mas mestre ou mestra, nenhuma. Eu achei aquilo um tanto quanto esquisito. E comecei a me questionar: será que em toda história da humanidade não houve nenhuma mulher que tivesse sido sábia, forte e amorosa também?

Lembro-me de que quando fiz a graduação em Ciências Biológicas, meus professores me mostravam que grandes mulheres foram inventoras de grandes teorias, mas que, de alguma forma, haviam sido tomadas pelos homens, visto que eles eram os mais "fortes", pelo menos socialmente falando.

Acredito que muita pouca coisa tenha mudado em tanto tempo de evolução e, talvez por isso, estávamos passando pela pandemia do Covid-19. Pode ser uma boa explicação, visto que a população feminina era a maioria no planeta e a maioria das mulheres assumiu postos de autoridade nunca antes assumidos na história da humanidade. E ao escrever esta parte do livro confesso que eu possa ter observado algo que ninguém ou quase ninguém tenha percebido naquele momento. Acredito que a pandemia que marcou o ano de 2020 não foi por acaso, afinal, nada é por acaso... Ao estudar Ciências Biológicas e ler um pouco mais sobre a história do mundo, percebi que de tempos em tempos o universo dá uma "sacudida" na humanidade para que a consciência venha à tona. Alguns despertam para a realidade, outros não, permanecem inconscientes.

Voltando a minha mãe... Ela me olhava com aquele olhar de desconfiança e falava: "Tudo bem, eu sei que você está trabalhando, mas... E o dinheiro?". Eu era aquela que gravava vídeos na internet falando coisas da mente, de boas ações e que até faziam sentido para ela – "Até eu aprendi muita coisa", minha mãe dizia.

Sei como era difícil para ela acreditar nesse tipo de "milagre", de que gravar vídeo de graça na internet pudesse gerar alguma renda – "Nunca vi nada de graça dar dinheiro", ela dizia. E olha que até ela se surpreendeu com os resultados. Minha mãe sempre foi uma graça, desconfiada que só vendo e com um coração sempre muito bom. Ela também não queria ser mais forte apenas, ela também acreditava que podia ser apenas ela, viver uma vida de paz e ter uma vida mais feliz.

Logo no início da minha caminhada, minha mãe era um tanto quanto descrente, mas ao ver meu processo de mudança ela começou a ver a vida pelo Outro Lado também, sem que eu pedisse exatamente nada a ela. De alguma forma, ela viu e sentiu que poderia ser diferente. E ela se revelou uma ótima escritora. Afinal, foi ela quem escreveu o prefácio deste livro que você está lendo neste momento. Se você pulou essa parte do livro, sugiro gentilmente que volte e leia atentamente, pois fez parte do processo de cura dela e poderá fazer parte do seu processo também. Sim, o prefácio pedi que ela escrevesse, porque ninguém melhor que a mulher que me trouxe à vida para falar sobre algo que ela presenciou tão de perto.

Agora irei explicar um pouco melhor porque muitas mulheres tiveram que ser fortes e acabaram polarizando na chamada energia masculina. Entenda, energias masculina e feminina não têm nada a ver com ser homem ou mulher. Tanto um homem quanto uma mulher possuem ambas as energias, uma completa a outra. Alguns autores chamam de Anima e Animus, mas não vamos nos apegar a esses nomes. Vou explicar de uma maneira bem simples para que consigamos compreender como essa energia funciona dentro de nós e determina o nosso comportamento no mundo.

A energia feminina é responsável pelo nosso lado mais receptivo, com a escuta mais ativa, mais colaborativa etc. A energia masculina nos permite ter força, poder de decisão e autoridade. No decorrer da vida e no dia a dia, permeamos por essas duas energias, elas fluem de maneira harmônica quando se tem consciência de que elas existem e em que momento precisamos usá-las. Vou dar alguns exemplos bem simples para explicar um pouco melhor. Quando estamos em casa brincando com nossos filhos ou animais de estimação, quando sentamos para ver um filme, quando apreciamos algo, estamos na nossa energia feminina. No momento em que precisamos tomar decisões, mesmo que simples, mudar alguma coisa na casa, ir fazer compras, arrumar os filhos para ir à escola, estamos na energia masculina. Entende-se, então, que a energia feminina é aquele momento da espera, do cuidado, e a energia masculina é o momento da ação. E por que essa energia foi determinada assim e por que precisamos saber quando estamos em uma energia e em outra?

Primeiro vou explicar um pouco melhor a evolução da humanidade e como isso determinou a polarização da nossa energia. Nós, humanos, já passamos, até o presente momento, por duas Eras, a Era dos Músculos e a Era do Ferro, e estamos caminhando a passos muito lentos para outra Era, a chamada Era Dourada.

No início de tudo, lá no período das cavernas, a chamada de Era dos Músculos, os homens saíam para caçar enquanto as mulheres ficavam na caverna cuidando da prole. As mulheres não saíam à caça, pois as crianças corriam muito risco ao serem expostas à selva, portanto, a função de caçar foi designada ao homem. A partir do momento em que o homem saía para caçar, ele precisou desenvolver algumas habilidades que o polarizaram muito no masculino, pois exposto à selva e a tribos rivais, ele precisava ser estrategista e, muitas vezes, guerrear por comida. Enquanto a mulher ficava na caverna cuidando dos filhos sem saber ao certo quando o homem voltaria, polarizou no feminino por meio do cuidado com a prole e desenvolveu, por consequência, mais a imaginação. Então, observem: na Era dos Músculos, os homens eram extremamente polarizados na energia masculina, enquanto as mulheres eram polarizadas na feminina.

Com o passar dos séculos, o desenvolver da humanidade e a descoberta do ferro, começamos a construir estradas, a criar máquinas e, assim, começaram a surgir as primeiras indústrias. A chamada Era do Ferro. Nessa época, as mulheres, que antes ficavam só dentro das cavernas, agora dentro de suas casas, começaram a se posicionar para entrarem no mercado de trabalho. As primeiras mulheres que tomaram essa decisão foram muito "malvistas" pela sociedade, pois o trabalho era coisa de homem. Para enfrentar essa sociedade um tanto quanto machista, elas precisaram se posicionar e serem fortes, acionar sua energia masculina para que pudesse, então, conquistar o seu lugar. O que aconteceu foi que, ao polarizar muito no masculino, muitas "perderam" ou abafaram o seu lado feminino e muitas se esqueceram de que a energia masculina pode e deve ser usada para ação no mundo e tomada de decisões. O grande desafio para as mulheres é manter essa energia mais masculina somente no ambiente corporativo. Muitas acabam por carregar essa energia para seus relacionamentos e ambientes familiares. Percebo que nessa era em que estamos vivendo há um desequilíbrio muito grande. Algumas mulheres muito polarizadas no masculino e muitos homens muito polarizados no feminino. Por isso tantas brigas, violência, divórcios etc.

Os homens, por natureza e devido à Era dos Músculos e boa parte da Era do Ferro, mantiveram-se muito polarizados no masculino. Ao depararem com mulheres também muito polarizadas no masculino há conflito, pois energias iguais se repelem. Percebi, durante meus atendimentos e mesmo na minha vida com meus familiares, que os homens enfraquecem e recuam ao estarem em frente a mulheres polarizadas no masculino. Por isso muitas mulheres tiveram que tomar a frente em muitas dinâmicas relacionais. Os homens, por sua vez, ao não saberem como lidar com mulheres muito polarizadas no masculino, não conseguem ou não sabem se posicionar e, quando se posicionam, fazem de uma maneira totalmente disfuncional. Polarizam de uma vez só no masculino e, muitas vezes, são extremamente agressivos, como vemos cada vez mais nos altos índices de violência contra a mulher. E as mulheres, ao assumirem muitas funções, acabam ficando muito tempo na energia masculina, tornam-se muito rígidas, muitas vezes se esquecem de se olhar com a atenção e o carinho que merecem. Uma mulher polarizada no masculino não consegue ter uma conexão profunda com os filhos e com o marido, não consegue relaxar, aguardar que façam as coisas para ela e acabam ficando extremamente cansadas.

Há uma forma de equilibrar essas energias, em que homens e mulheres encontram um centro, e que polarizam no feminino ou no masculino apenas de acordo com a demanda do mundo externo. Quando houver esse equilíbrio não haverá mais disputa, diferença de gêneros e, assim, alcançaremos a chamada Era Dourada. Pode ser que isso demore bastante tempo ou que, por meio do conhecimento, as pessoas comecem a ser libertar de suas crenças, de seus medos, e ver o mundo do Outro Lado também. Este livro tem esse objetivo e creio que ao terminar de lê-lo você também irá levar tal conhecimento para outras pessoas. Verá como o conhecimento pode libertar e como isso faz bem.

Voltando para as compras da casa de que estava falando anteriormente... Para eu comer, pedia apenas banana, café e ovos. Achava muito errado não pagar água, nem luz, nem internet, comer da comida dos meus pais aos trinta e dois anos e ainda me dar ao luxo de pedir algo a mais. Estava tudo certo. E se você ainda não vê assim, você ainda precisa ler este livro até o final. Ah! Confesso que volta e meia eu "roubava" uns biscoitos da Cecília, e acho que tá tudo bem. Creio que meu karma positivo (explicarei para vocês logo adiante) é bem maior do que isso.

O consórcio do meu carro estava sendo pago por quem? Pelo abençoado do meu irmão... Sei que ele "mentia", dizendo para mim que "estava investindo o dinheiro". Sei que, no fundo, ele sentia pena de ver o quanto eu já tinha me virado sozinha e que podia me dar uma forcinha. O fato de eu me deixar ser ajudada fez total diferença no meu processo de transformação. Enfim, havia achado o meu lugar. De irmã mais nova, de primeira neta dos meus avós por parte de pai, todos esses lugares devidamente preenchidos e eu preenchida por dentro.

Como tive que ser forte por muito tempo, ser ajudada não estava nos meus planos e tudo aconteceu exatamente para que eu me permitisse polarizar no feminino e estar mais receptiva a ajuda. Eu já não queria ser tão forte mais, já gostava de ser ajudada. E ao assumir essa postura, várias pessoas se colocaram a minha disposição para me ajudarem, mesmo que não houvesse pedido. Quando se está no seu lugar e polarizada da forma correta, as coisas simplesmente acontecem. Você verá o quão importante é estar em equilíbrio e como esse simples movimento faz com que você atraia as pessoas corretas.

É extremamente importante que você tenha conhecimento do seu lugar. Quando você encontra o seu lugar na sua família e no mundo, você encontra o seu equilíbrio. É necessário que, primeiro, você se encontre dentro do contexto da sua família e comece a voltar para o seu lugar.

Neste momento, peço que você faça o seguinte exercício. Faça um resgate histórico, uma breve pesquisa, se na sua família há mais mulheres ou mais homens. Quais foram as histórias dessas mulheres? E pense, por um momento, o porquê você nasceu mulher. Qual a sua missão como mulher na sua família?

Há um motivo para você ter nascido mulher e ao fazer esse resgate histórico, você entenderá isso com mais clareza. Tente saber se você foi esperada menina ou menino por seus pais. Se você foi esperada homem. Muito provavelmente há um conflito interno aí dentro relacionado a sua autoaceitação enquanto mulher que você é.

Por muitos anos eu repetia consistentemente que em outra vida queria nascer homem, porque ser mulher era muito ruim, que ser homem tinha muito mais vantagens etc. E percebam que essa era uma crença que eu tinha devido às histórias das mulheres da minha família e o não reconhecimento delas. Ao perceber isso, comecei a olhar com mais carinho e menos julgamento a todas as mulheres que vieram antes de mim. Afinal, se elas não tivessem sido tão fortes, é bem provável que eu não estivesse aqui para contar essa história. Portanto, sugiro que faça esse resgate histórico com bastante atenção e carinho, pois irá te ajudar no seu processo.

Por um longo período da minha vida e durante muito tempo também me sentia perdida neste mundo, não sabia exatamente o que eu estava fazendo aqui. Vivia sem saber o porquê de eu estar viva e não dava o devido valor a minha vida. Não sabia ao certo qual era o meu lugar nesse mundo e esse também era um dos motivos de me sentir enfraquecida, sem força para ir atrás dos meus objetivos.

Portanto, agora, peço gentilmente que faça este outro exercício: observe qual é o seu lugar na sua família, se você é a irmã mais nova ou a mais velha. Se é mãe, se é filha, se é avó ou tia. Entenda que há uma ordem para que tudo flua de uma maneira mais fácil. Devemos sempre nos colocar no nosso lugar, pois quando encontramos o nosso lugar nos sentimos mais seguras, mais confiantes e respeitamos a vida tal como ela é.

Pense por um momento: quantas vezes, enquanto filhas, insistimos em dar opinião na vida da nossa mãe ou nos conflitos de nossos pais? Como irmãs mais novas, queremos ajudar a família toda, enquanto deveríamos nos permitir ser ajudada pelos demais irmãos? Observe-se enquanto esposa, se você é ou um dia foi casada. Se você assume/assumia o posto de mulher do seu marido ou acaba/acabava assumindo o lugar da mãe dele? Se assume/assumia o papel de sócia ou de amiga dele?

E você, enquanto mãe, perceba se você quer assumir o lugar de amiga de seus filhos. Observe todos os seus lugares na sua família e se eles estão devidamente preenchidos da forma correta. Caso não estejam, observe que, no lugar errado, você se sente fraca, muitas vezes incapaz, ou então é pesado demais. Sugiro que assuma os devidos lugares da maneira correta e você perceberá como a sua vida fluirá muito melhor.

Meus pais tinham muita dificuldade em lidar com seus próprios problemas e me colocavam entre os dois, me fazendo de menina de recados. Até o momento em que me tornei consciente disso e me coloquei no meu lugar. Agora como filha, não mais entre os dois.

Como já havia falado, todos somos seres únicos e preciso que você saiba que tudo no Universo tem o seu devido lugar e é por isso que é extremamente importante que saibamos qual é o nosso lugar. O que está fora do lugar entra em desarmonia com o restante do universo e a vida simplesmente não flui. Tudo no Universo é quântico. Tudo que existiu, existe ou existirá antes de se transformar em matéria um dia foi, é ou será energia.

ENERGIA:
TUDO QUE É

Aqui vou falar um pouco mais dessa energia e um pouco de biologia. Exerci a profissão de professora de Biologia em um curto período de tempo da minha vida. Creio que tenha aprendido o necessário para que eu continuasse a minha jornada. Afinal, sem minha licenciatura em Biologia não teria aprendido como o corpo humano funciona nas aulas de fisiologia humana, como se dá a interação do humano com a natureza nas aulas de ecologia, talvez não teria tanta facilidade para escrever e falar em público. Viu como os dons e talentos nos encaminham para os lugares certos quando nos permitimos aproveitá-los da maneira correta?

Vamos à explicação sobre a tal da energia... Assim como a comida que você come, ela vai para seu aparelho digestivo para ser "quebrada" em minúsculos pedacinhos, até chegar à chamada mitocôndria, para que lá, a comida que você ingeriu (matéria), seja transformada em energia. E a recíproca é verdadeira. Tudo hoje que é matéria, um dia também foi energia. Lembre-se, antes de qualquer coisa, que seu corpo funciona como uma máquina e precisa de energia para funcionar, tal como qualquer aparelho eletrônico. Não se assuste e, acredite, você é um robô biológico. Sim, uma máquina movida por mecanismos (músculos e articulações), com programas gravados em um hardware (cérebro) para executar tarefas de acordo com programas predefinidos ou seus softwares (história individual, história familiar e história do planeta). Parece esquisito, né? Mas você é isto: um monte de mecanismos e programações.

Mas como você me disse anteriormente que sou especial se agora você me fala que sou apenas um robô? É aqui que está o grande segredo. Diferente de outra máquina qualquer, você, ser humano, foi projetado com um mecanismo chamado coração. Não me lembro de nenhum outro aparelho possuir essa tecnologia. O seu coração te proporciona experimentar com emoção a vida humana. Ele que te permite ter sentimentos. Tente se lembrar do filme em que existia um homem de lata que possuía cérebro, mas não tinha coração. Pois é, ele se questionava por não sentir emoções. E você não seria diferente dele se não tivesse um coração batendo aí, dentro do seu peito.

Mas isso me deixa igual a qualquer outro animal que tem cérebro e coração? Não. Os humanos possuem apenas duas coisas que o tornam diferentes de qualquer outro animal. Ele vem com outras programações além de ser só um ser humano. Pense, um gato ou um cachorro não recebe outra programação além da que ele é um gato ou um cachorro. O gato ou o cachorro não sabem o que é riqueza ou pobreza, não sabem o que é bonito ou feio, não tem a mínima ideia do que é preconceito ou racismo. Percebem o que são programações? Sim, eles demonstram afeto, carinho, lealdade. Eles emitem sentimentos, pois também possuem coração. Sentimentos, sim, mas eles não possuem a capacidade de emitir julgamentos ou dar significado diante da percepção da realidade ou de suas emoções.

Eis a outra diferença de outros animais para os humanos. Os humanos conseguem atribuir um significado ou julgamento a tudo. Algo é bom ou ruim, melhor ou pior, lindo ou horrível, trágico ou mágico. Entendendo isso, você poderá perceber que as coisas são como são e sempre serão. Você que é o grande julgador, o que determina isso ou aquilo. Esse é o lado ruim de atribuir significados às emoções. Não conseguimos apenas ficar com o que sentimos, precisamos dar um nome, um rótulo. É uma necessidade da mente humana. Vamos dizer que o cérebro lhe conecta à matéria, ao que é perceptível aos cinco canais sensoriais, e o coração o conecta ao lugar de onde você veio, à sua essência, à grande luz da criação.

Entendendo isso, já que damos significado a tudo, por que não tornar a nossa vida mais leve e dar bons significados? Esse é um exercício que eu sugiro que façam a todo o momento. Sempre que se pegarem julgando algo ou alguém, atribuindo um significado ruim, faça o contrário. Pensem no que a pessoa tem de bom, o que ela tem de diferente, o que ela tem de especial. Vai ver como sua vida e seus relacionamentos mudarão, e muito. Cabe aqui um alerta. Não crie uma realidade sobre a outra pessoa que não exista. Precisamos, sim, dar bons significados, porém, ainda precisamos estar sempre atentos à verdade. Você atrairá, por consequência, pessoas alinhadas a sua nova realidade, mas lembre-se sempre: você é capaz de mudar apenas a sua realidade, não terá o poder de mudar as pessoas. Algumas mudarão ao perceber a sua mudança e algumas permanecerão tal como são, e aqui a ferramenta respeito deve ser muito bem utilizada.

Nós, Seres Humanos, percebemos a nossa realidade, o nosso mundo, pelos cinco canais sensoriais: olhos, ouvidos, nariz, boca e pele, os cinco sentidos: visão, audição, olfato, gustação e toque. Todos nascemos ou deveríamos nascer com todos esse canais totalmente disponíveis, ou seja, funcionando perfeitamente. Esses canais vão sendo gradativamente desligados ao longo da vida ou devido algum grande trauma em seu período de gestação. Em alguns casos mais severos, desligamos totalmente um ou mais de nossos canais.

Vou citar um exemplo bem prático para que você entenda como funcionam os seus canais de percepção do mundo. Quando vemos, pelos olhos, alguma cena muito forte, o que fazemos? Sentimos medo, ou raiva, fechamos os olhos ou fazemos cara feia. O que isso significa? Que você observou algo aqui no mundo, por meio de um canal sensorial, seu cérebro processou essa informação e seu corpo emitiu alguma reação. O grande problema é quando você se acostuma. Quando você se acostuma a ouvir algo que no início te desagradava, te fazia chorar e hoje você não chora mais. Quando você tenta falar algo, é impedida diversas vezes, até desistir de falar.

Você continua recebendo o estímulo do lado de fora, seu cérebro continua processando a informação e seu corpo irá reagir de algum jeito. O canal sensorial que recebe os piores estímulos irá se desligar aos poucos para que você já não escute mais o que te desagrada, você não fale demais etc. e, devagar, seu corpo irá acumulando essas emoções não expressas. Daí virão as doenças: otites, amigdalites, úlceras gástricas, enxaquecas... Até o momento, talvez, que você tenha reduzido a quase zero todos os seus canais sensoriais e entrado em depressão. Não perceberá, nem sentirá mais nada. Apenas sobreviverá.

"Pare de fingir que não sente, assim você ficará doente".

Quantas vezes engolimos o choro, escondemos nossa raiva ou insatisfação para não fazer feio na frente dos outros e até para nós mesmas. Mentimos sobre o que sentimos porque queremos ser amadas, ser aceitas e porque, muitas vezes, precisamos ser fortes. Não há problema algum em querer ser amada. Todo ser humano anseia por isso e amar faz bem.

O grande problema é quando você mente para si mesma, quando você se esconde dos seus sentimentos. Quando o medo de amar é maior do que a vontade, quando o medo de falar algo que te machuca é maior do que sua integridade e quando você tem medo de sentir raiva e encarar o seu lado mais sombrio. Liberte-se de qualquer expectativa, viva cada momento como se fosse o último, experimente profundamente suas emoções e encare seus medos. Somente você poderá se libertar deles. Assim você conseguirá ter uma vida muito mais leve, mais saudável e muito mais feliz.

Todos nós possuímos uma história, composta por uma história individual (suas experiências pessoais), uma história familiar (o contexto familiar no qual você nasceu) e uma história planetária (seu país de origem, o ano em que você nasceu e o contexto em que todo o planeta está vivendo). Essas histórias compõem o tal do Karma, cada um tem o seu. E para esclarecer um pouco mais essa questão, karma nada mais é de que seu destino, traçado mesmo antes de seus pais pensarem em ter você. Você não nasceu no país em que você mora ao acaso, você não nasceu na família que você nasceu ao acaso... Você é a resposta a uma demanda. Antes mesmo de seus pais planejarem ter você e mesmo se você veio de uma gravidez "inesperada", saiba que nada é inesperado. Nada é por acaso...

Antes mesmo de seus pais ficarem juntos e você ser feita, ou materializada em um feto, você já era energia (lembra-se da explicação sobre energia?). Você já fazia parte de algo maior, de onde tudo que existe foi criado. Você fazia parte do maior campo de energia que existe, onde toda energia está disponível para ser transformada no que quiser. O que já foi materializado ou "inventado" pelos humanos, ou o que ainda existirá, está lá, nesse grande campo de energia, nesse grande corpo de luz. Uns chamam de consciência, uns chamam de fonte de criação, uns de criador de tudo que é, uns de grande luz compassiva, uns de Deus, uns de papai do céu... Cada um chama de um jeito que, no final, é tudo a mesma coisa, é lá que está a fonte, é de lá que veio tudo e de onde tudo virá.

Mesmo que você tenha vindo em uma família que você não gosta ou em um contexto que você acha ruim, saiba que você veio com um propósito, você se materializou neste planeta para cumprir uma missão. Só que aqui está outro segredo: para chegar a sua missão, primeiro você precisa cumprir o seu karma de uma maneira gentil, ou seja, aprender com seus erros e ser extremamente grata por qualquer problema que tenha se passado em sua vida. Seus problemas não são de graça, não são para te deixar irritada, para que você chore eternamente por eles. Eles lhe são dados como um presente, para que você aprenda com eles e evolua para um próximo nível. Se você os vê como um presente para sua evolução e dá um lugar bem bonito em seu coração a tudo que você passou até agora, você cresce e seu coração se preenche. Cada passo, cada vitória, cada desafio superado conta e você ganha um ponto em sua evolução. Mas seu coração só se preenche se isso for feito com humildade. Lembre-se, você está em uma escola assim como todos que estão aqui na Terra, e todos possuem problemas. Alguns decidem ficar com eles, sem sair do lugar, sem mudar nada, só reclamando, culpando os outros por seu destino cruel, por seu karma familiar, e tá tudo certo com isso. Não evoluíram em nada e precisarão de mais algumas vidas para que, talvez, aprendam algo.

Agora, se você está cansada de repetir os mesmos erros, está na hora de olhar para trás com imenso carinho e dizer: "Sou extremamente grata ao que me trouxe até aqui. Aprendi com os erros de meus pais e com meus próprios erros. Só que, independentemente de qual tenha sido minha história até agora, sou eu quem decide qual destino traçar daqui pra frente".

Mas se prepare, pois não será um caminho fácil. Afinal, você será a responsável por fazer tudo diferente daqui para frente, o seu destino estará em suas mãos. Não haverá mais espaço para desculpas, nem lamentações. Afinal, você escolheu fazer diferente, você quem tomará as decisões e arcará com as consequências de suas ações. Não há espaço para medo também, há que se ter muita coragem e muita fé, porque você irá mergulhar no desconhecido, dar um passo no escuro e navegar por águas nunca antes navegadas. Se quiser a mudança de verdade você precisará desses requisitos: fé, coragem, força e alguém que te guie. Uma pessoa consegue evoluir através de erros e acertos, o que deixa sua jornada mais cansativa e muito mais demorada; ou você pode ter alguém que te guie, que te dê os ensinamentos corretos, os mestres, assim como eu também tive os meus.

"Pegue cada pedaço seu e monte uma linda colcha de retalhos".

Quem nunca se sentiu em pedaços? Tantas decepções, tantas lutas sem vitórias, tantos relacionamentos fracassados... Chega uma hora na vida da gente que já estamos em tantos pedaços que já não sabemos o que fazer mais. Pois bem, te direi exatamente o que fazer...

Imagine cada história sua que não deu certo como uma grande lição, um grande aprendizado, uma ótima oportunidade de fazer tudo diferente.

Agora, peço que junte cada pedaço seu. Mas lembre-se que cada um tem uma importância enorme em sua vida, não vale deixar nenhum de fora.

Após juntá-los um a um com muito carinho, costure-os com a linha do amor e arremate com a linha da gratidão. No final desse lindo trabalho, você terá uma linda colcha de retalhos, que te trará proteção nos dias em que tiver medo, trará calor naqueles dias mais tristes e aconchego nos dias em que se sentir só. Vista-se com sua história, olhe com muito carinho para cada pedacinho dessa linda colcha de retalhos. Afinal, foi com todos esses pedaços que você fez a sua história, conseguiu vencer e hoje está aqui para fazer a diferença na sua vida e na de muitas outras pessoas.

Já fizemos o resgate histórico de por que você veio ao mundo, por que você veio mulher e como é importante saber qual o nosso devido lugar. Cada um desses processos irá te trazer as respostas que tanto procura, irá te curando e te preenchendo por dentro.

Precisamos também olhar para a sua criança interior, afinal, ela também faz parte da sua história e está aí, dentro de você. Você, hoje, é o resultado de sua caminhada, do seu crescimento e das suas histórias. Suas emoções continuam todas aí, esperando que você olhe para elas. Peço que você, neste momento, pense qual a imagem que você tem de quando você era criança.

Eu nunca havia feito esse exercício e quando parei para pensar, a imagem que me veio à cabeça foi a de uma criança doente, meio triste e sozinha. Após esse exercício tive o conhecimento de que criei essa imagem porque meus pais trabalhavam boa parte do dia, minha criança quase não recebia atenção e quando eu ficava doente, era o momento em que recebia mais carinho, mais atenção de meus pais. Minha mente assimilou que doença me traria atenção e carinho. E, assim, ao longo da vida sempre fiquei muito doente, tinha muitas crises de sinusite e muita enxaqueca. Minhas doenças também eram reforçadas pelo fato de minha mãe não ter se sentido amada pela mãe dela e quando ela reforçava que eu era uma criança que vivia doente, consequentemente, vivia mais próxima e me sentia totalmente dependente dela. Minha mãe agia assim também inconscientemente e até hoje ela fica receosa pelo fato de eu não ter mais plano de saúde. Ao perceber que essa também era uma necessidade dela e que eu não precisava mais ficar doente para receber carinho, consegui curar a minha criança interior e minhas crises desapareceram.

Portanto sugiro que faça mais este exercício: primeiro, pense na imagem da criança que você tem de você mesma. Qual a primeira imagem que lhe vem à cabeça? Quais emoções estão ligadas a essa imagem e quais benefícios você tem em se manter na postura da criança? Anote tudo que vir a sua mente, pois será extremamente importante. Agora, vá diante de um espelho e veja como você é no momento presente. Qual parte da sua criança insiste em chamar atenção em você enquanto adulta? Faça esse exercício e observe os resultados. Geralmente, são imediatos.

"Toda criança merece carinho, principalmente a sua criança interior".

Imagine se você pudesse voltar ao passado e se reencontrar com você quando você ainda era uma criança. Como essa criança estaria ao te ver? Seria ela uma criança feliz? Ou uma criança sozinha, com medo, doente, talvez com fome ou com frio?

Volte à memória da imagem que você criou da sua criança. Olhe para ela com carinho, dê-lhe um pouco mais de atenção por um momento. Ela se sentirá feliz com isso. Lembre-se que você cresceu, mas sua criança continua aí, esperando a sua atenção. Enquanto a sua criança interior não estiver em paz, consistentemente ela vai querer se mostrar presente, em suas atitudes, em suas relações e em sua vida.

Portanto seja imensamente grata a tudo que te trouxe até aqui, porque se você está hoje, lendo esta mensagem, foi porque essa criança viveu, venceu e hoje está aqui, acabando de ler esta mensagem.

Preciso lembrar que a maioria de nossas doenças está diretamente relacionada às nossas emoções reprimidas. Como disse anteriormente, todos nascemos – ou deveríamos nascer – com todos os canais sensoriais disponíveis. Algumas pessoas já nascem com algum canal indisponível, devido ao karma familiar. As emoções vividas em até quatro gerações passadas podem influenciar em nossas dinâmicas relacionais e em nossa saúde. Portanto, observe se a doença que você tem hoje é sua ou se houve algum caso específico, de gerações passadas, que lhe proporcionaram isso. As doenças do trato digestivo estão ligadas à emoção da raiva (úlceras, gastrite, problemas de fígado), as doenças do trato respiratório e de pele estão ligadas à tristeza (sinusite, asma, bronquite), problemas de saúde ligados ao sistema auditivo estão relacionados à emoção medo (otite, redução da capacidade auditiva), problemas de sobrepeso estão relacionados à sexualidade (falta de libido, cólicas menstruais).

Portanto é necessário que você verifique qual doença está presente em sua vida e verifique em qual momento você sentiu mais medo, mais tristeza, mais raiva ou se sentiu mal por ser mulher. Repita a palavra raiva várias vezes, ou tristeza, em voz alta, e perceba que uma situação ou alguém virá a sua mente. A emoção que vier diante do que for observado, permita que ela tome conta do seu corpo e seja liberada. Se for preciso, chore; se for preciso, grite, e libere essa emoção que há tanto tempo lhe incomoda.

Aqui vou falar um pouco sobre a minha sexualidade e por que sempre tive muita dificuldade em me mostrar como mulher no mundo. Desde que era criança ouvia da minha mãe e da maioria das mulheres da família que os homens eram todos iguais, que eram ignorantes e estúpidos, que não davam valor às mulheres etc., e foram essas referências que ficaram gravadas dentro de mim. Como consequência, atraía homens exatamente com essas características e por muito tempo não sabia o motivo. Ao tornar isso consciente, parei de repetir essas afirmações e histórias sobre os homens e dei a oportunidade de acolher homens com perfis diferentes. Afinal, dentro no meu coração eu realmente acreditava que existiam, sim, homens gentis, que sabiam valorizar as mulheres. E, sim, eles existem. Além de ter recebido muitas referências negativas sobre os homens, também havia vivenciado algumas experiências bem ruins em relação a isso.

A maioria dos homens com os quais eu convivi a minha primeira infância, eram homens disfuncionais sexualmente e eu sempre me sentia ameaçada por eles. Mesmo sendo uma criança fui desejada como mulher e tive que me afastar dos homens para minha própria segurança.

A figura masculina, por muito tempo na minha vida, soava como ameaça e, pouco a pouco, fui desligando minha energia feminina. Ao passar perto de algum homem, eu andava com ombros curvados para frente, mantinha minha cabeça baixa e percebia que quase não respirava. Isso em qualquer ambiente que eu frequentasse. Com meus amigos meninos e homens, mais tarde, usava um linguajar um tanto quanto grosseiro para que eles me vissem como um homem também, não me desejassem e, assim, eu não me sentia ameaçada.

Lembra do meu irmão, que me ajudou durante meu processo de cura? Ele também por muito tempo foi uma imagem masculina que não me fazia bem. Somente até o momento em que dei um nobre significado a minha história e quando realmente meu passado ficou para trás. Ele foi o primeiro filho e eu a segunda. Éramos somente nós dois, filhos dos nossos pais. Minha mãe conta que quando eu ainda era um bebê, ele subiu no meu berço e tentou me asfixiar com um travesseiro. Durante minha adolescência, ele abria o cadeado do meu diário para ler meus segredos e usar como chantagem para que eu não contasse para nossos pais as coisas erradas que ele fazia. "Roubava" as moedas do meu cofre para comprar cigarros e me ridicularizava na frente dos seus amigos para que eles não se sentissem atraídos por mim.

Somado às histórias que as mulheres da minha família me contavam, os homens repetiam de modo frequente, que toda mulher era burra, que a mulher que prestava era aquela casada, aquela que ficava em casa cuidando dos filhos, aquela que sempre ficava atrás do homem. As que se colocavam à frente da casa ou assumiam algum posto de autoridade eram vistas com maus olhos, eram vítimas de comentários agressivos e até mesmo de agressões físicas. Vivíamos sob ameaça, com medo de sermos as mulheres fortes que realmente éramos.

Portanto, por muito tempo essa foi a minha realidade. Não podia me destacar como mulher nem ser desejada. Havia me anulado e apagado o meu próprio brilho, pois ele incomodava muita gente. Essa foi a minha história.

Nesse instante, sugiro que relembre quais histórias lhe foram contadas, qual foi o cenário em que você viveu e em qual momento você também precisou se desligar enquanto mulher. Peço, gentilmente, que se olhe com carinho e lembre-se que foram apenas histórias que te contaram. Você é especial, merece o seu lugar no mundo, pode e deve brilhar sempre.

Outro exercício bastante importante e necessário é que você verifique de onde vem a força na sua família, se vem dos homens ou das mulheres. Isso será necessário não a título de condenação ou julgamento; servirá para que você saiba de onde você pode tomar a força e se tornar mais forte com isso.

Lembre-se: você veio na hora certa, na família certa, mesmo que você se odeie por isso. Se você é a mais "esquisita" da família, tenha certeza, sua missão será muito grande por aqui e, se você assumir o seu devido lugar, as conquistas serão maravilhosas.

Quando alcançamos a nossa missão estamos conectados diretamente ao grande campo de energia, ou seja, o que você quiser estará disponível para você. Vai por mim, lembre-se de que eu era a esquisita da família. Fui a primeira da família a fazer tatuagens, a primeira a se divorciar, a primeira a não dar sequência ao trabalho dos pais, e está tudo certo com isso. Estou aqui, feliz. Não é nenhum insulto ser diferente e não quer dizer que você seja ingrata por tudo que te proporcionou a vida até agora. É extremamente necessário que você seja grata e respeite tudo que veio antes de você, senão, infelizmente, você não sairá do lugar.

Em primeiro lugar, você deve reconhecer que metade sua é seu pai e a outra metade a sua mãe. Logicamente e biologicamente eu sabia disso. Mas não havia dado um lugar para isso em meu coração. Reconheça tudo que seu pai e sua mãe fizeram para que você viesse a este planeta; o essencial lhe foi dado: A VIDA. O restante você deu conta, senão não estaria aqui, lendo este livro.

Você é a soma de seu pai (espermatozoide), da sua mãe (óvulo), acrescido do seu próprio crescimento humano. Os erros de seus pais que você, talvez, insista em condenar, foram necessários para que você não cometesse esses mesmos erros também.

Costumo dizer que somos como sementes: tivemos origem da fecundação de uma parte feminina e uma masculina e, plantadas aqui na Terra, precisamos de adubo para crescer e darmos frutos. O adubo não é mais do que os erros de nossos pais e os nossos erros, caso contrário, o solo seria pobre em nutrientes e seria muito pouco provável que você sobrevivesse. Então, dê um novo significado a toda sua história, as acusações transforme em aprendizados e veja sempre o lado bom tanto do seu pai quanto da sua mãe. Você é pequena demais para querer julgar tudo que veio antes.

Falo um pouco em um dos meus vídeos sobre a teoria do rio, que eu mesma inventei para explicar o processo de forma mais clara, e falarei aqui também. Peço que, agora, você imagine seu pai e sua mãe como dois grandes rios, com todas as suas histórias, crenças, tradições e costumes. Antes de se conhecerem, seu pai e sua mãe corriam como dois rios separados. Cada qual corria em um ambiente diferente, cada qual percorreu um caminho diferente, com paisagens/cenários diferentes, climas diferentes, um talvez tenha percorrido um campo, outro, talvez, tenha percorrido locais montanhosos. Lembre-se de que as metáforas são utilizadas para que você consiga assimilar com maior facilidade.

O grande rio do meu pai veio de uma família italiana muito tradicional, sem miscigenação alguma, que, em algum momento de extrema escassez financeira, eles tiveram, como forma de sobrevivência, segurar o pouco dinheiro que havia lhes restado. Na família do meu pai, como foram criados na roça, sempre houve comida. A maioria das mulheres da família de meu pai haviam se dedicado ao convento, à cooperação, à ajuda, ao ensino; minha avó era professora. E os homens da família de meu pai se dedicaram à força dos músculos e isso tudo reverberava em toda tradição da família. Na família do meu pai tudo era contado, não havia gastos com supérfluos, eles não tiravam férias nem gastavam dinheiro com viagens. Tudo isso era gastar dinheiro à toa, deveriam sempre juntar o dinheiro ou comprar bens para que valorizassem. Agora, talvez, vocês consigam entender um pouco melhor os costumes de seu pai e as crenças dele. Meu pai se identificava mais com a minha avó e isso se mostrava em seu comportamento. E eu, Anna Luisa, tinha muita dificuldade em comprar algo para mim, de me presentear.

Já no grande rio da minha mãe também houve um período de escassez financeira, além da falta de comida. A forma de sobrevivência que eles encontraram foi a de segurar um pouco de dinheiro e, o restante, eles usavam para comemorar a conquista do trabalho com comida. Afinal, eles agora já podiam comprar comida, por que não comemorar por isso? Na casa da minha avó por parte de mãe, a mesa sempre estava farta, sempre com muita comida, e comer, na família da minha mãe, era sinal de alegria. Isso explica muito por que, quando ficava muito feliz, logo procurava algo na internet bem gostoso para eu pedir para comer.

Isso é o Karma familiar, é o contexto no qual fomos criados e seguimos exatamente da forma que aprendemos. Então não cabem julgamentos aqui, visto que foi a forma que eles aprenderam a viver, ou melhor, a sobreviver.

Em algum momento, esses dois grandes rios se encontram para seguirem juntos, em uma correnteza só, em uma única direção, uma família. Quando você foi gerada foi como se alguém tivesse colocado uma pedrinha preciosa nesse rio. Nem minúscula, nem enorme, uma pedrinha, que por muito tempo se permitiu levar pela correnteza, pelo fluxo do amor. E essa pedrinha foi avançando, percorrendo o seu caminho. Tudo fluía naturalmente quando você era uma criança, até perto da adolescência, quando viramos grandes juízes, grandes julgadores, grandes rochedos. Falo rochedos porque é como você se colocou ao apontar os defeitos de seus pais e sua família. Aquela pedrinha que se permitia fluir com o rio, passa a se colocar como grande, pesada, e se recusa a sair do lugar da arrogância. E ao invés de rolar, leva pancada de tudo quanto é lado, porque a correnteza do rio é muito forte, a história da sua família e de seus ancestrais começou há muito, muito tempo.

Nesse lugar a vida não flui, você se arrebenta inteira, sente-se cansada, pesada. Você tem, então, duas opções: reconhecer-se como pedrinha ou esperar que a correnteza te arrebente em vários pedacinhos, em várias pedrinhas, para que você volte a correr novamente. Se você se permitir correr, mesmo que toda quebrada, você seguirá o fluxo do amor e sua vida irá fluir também. Até o momento em que essa pedrinha rolou tanto, que se desfez. Virou uma só, com aquele monte de água, e, então, você, como rio, poderá escolher um curso diferente, navegar em outros ambientes, quem sabe encontrar com outro rio e formar uma nova família também.

Mas se, ao invés disso, você focar no que você julga de ruim em sua família, seus pedacinhos irão para o fundo desse rio, em um local escuro, sem correnteza, frio, sem luz, onde você só acumulará "má água" ou mágoas. O rio continuará fluindo, mas você decidiu ver a vida lá do fundo, pegando lodo e, provavelmente, você estará triste nesse lugar. Recomendo que faça o exercício de significar de uma forma mais bonita as histórias da sua família, para que você entre para o fluxo da vida novamente.

"Um rio nunca esquece o caminho de volta ao mar".

Assim como um rio que sabe o exato caminho de volta para o mar, o amor sabe exatamente como te encontrar. O amor, assim como o rio, flui naturalmente se assim permitimos.

O que acontece quando criamos barreiras e impedimos que

o rio volte para sua casa? UMA CATÁSTROFE. Enchentes, inundações... O que para nós parece uma catástrofe, para a natureza foi a forma que ela encontrou de voltar para casa.

E assim também é com o amor. Quando criamos barreiras que impedem, de alguma forma, que ele chegue até nós, acontecem as grandes catástrofes, os nossos maiores problemas, nossas decepções... Por que vocês acham que o Coronavírus nos obrigou a ficar dentro de casa e conviver com as pessoas que estávamos tentando evitar. Se você está sozinho neste momento eu te faço uma pergunta: há quanto tempo você não tirava um tempo para você? Você não se relacionava com você mesmo e suas emoções. De que formas o amor tem tentado chegar até você? Até seu coração?

Lembre-se: o amor sempre vai tentar te encontrar, não crie barreiras. Permita que ele flua naturalmente para sua casa, para o seu coração.

Bom, agora voltando a explicar como comecei a ficar conhecida, como estava minha situação financeira e quais os recursos que usei para continuar o meu trabalho...

O notebook que usava para dar as aulas ao vivo e usei para escrever o meu primeiro livro foi tipo um brinde que uma operadora de celular ofereceu ao meu pai. Ele, sabendo que eu queria começar a minha carreira, não perdeu a oferta. Pensa num aparelho "abençoado", que travava toda hora, apagava um monte de coisas que não devia e que me fez perder um monte de arquivos... E eu só agradecia que podia contar com ele e meu celular, que tinha sido comprado já havia quatro anos. Celularzinho bom demais, que me permitiu ver as aulas com meus mestres, mesmo que, às vezes, ele esquentasse a ponto de desligar sozinho. Mas foi ele que me ajudou a fazer meus primeiros vídeos e que me permitiu ser conhecida na internet.

Uma agência de marketing chegou a iniciar comigo um grande projeto de lançamento milionário do programa de transformação pessoal tal como havia citado no início do livro, mas eles mesmos desistiram, disseram que eu não tinha o perfil de vendas, não era muito atrativa comercialmente. Porém, segui e continuo em paz, sendo exatamente quem sou, seguindo o caminho que decidi caminhar, seguindo a minha verdade, os meus sonhos. Peço que mais uma vez você reflita sobre isso também: lembre-se dos seus sonhos e do que realmente importa pra você e te preenche por dentro.

Quando o seu passado estiver em paz e você souber exatamente o seu lugar no mundo, várias pessoas e oportunidades incríveis surgirão na sua vida. Pessoas que você nem imaginaria que gostariam de te ajudar porque, fora do seu lugar, você não se permitia ser ajudada.

Ficamos no meio de uma pandemia, de um tal de Coronavírus, que matou muita gente pelo mundo e nos fez ficar presos dentro de casa – tivemos que ficar em quarentena. Somente os serviços de alimentação e saúde ficaram abertos, todos os outros serviços estavam limitados ou totalmente fechados. Fomos obrigados a conviver uns com os outros novamente e os que moravam sozinhos foram obrigados a reconhecer o quanto é ruim viver só e tiveram que conviver com o maior medo, a solidão. Onde para muitos estava instalado o caos, para mim só havia esperança e fé. A mesma esperança e fé que eu tive quando estava sozinha, com nossa filha no carro, com o tanque quase vazio, deixando a cidade em que morávamos para trás. Nesses dois momentos, nada mais importava pra mim porque tinha fé de que tudo só podia dar certo porque podia ser eu mesma e poderia ser feliz. Estava livre, afinal! Mesmo que proibida de sair de casa devido ao vírus, não me sentia presa. Pelo contrário, me sentia totalmente livre, porque o melhor lugar do mundo estava bem aqui, dentro de mim.

E os namorados? Como costumavam me perguntar... Eles haviam sido deixados de lado naquele momento. Pela primeira vez na minha vida, tornei-me a minha prioridade.

Como também já havia decidido atrair a pessoa certa para mim, decidi esperar que um bom homem aparecesse em minha vida e que eu fosse tratada como eu realmente merecia, com carinho, respeito e amor. Sim, existem bom homens, acredite nisso. Se eles ainda não te encontraram é porque primeiro você precisa ser curada para que, então, possa reconhecê-los. Muitas vezes temos pessoas incríveis ao nosso lado, porém não as enxergamos porque não estamos preparadas para recebê-las. Acredito que este livro te ajudará a aumentar essa percepção e boas pessoas irão se aproximar de você, assim como aconteceu comigo.

Se todos pudessem ver que ser a prioridade de si mesmos não se trata de egoísmo e é extremamente importante, pois se você não dá amor para si mesma como conseguirá dar para mais alguém? E por experiência própria, quando tentamos dar o que não temos, a gente acaba dando um pedaço da gente. Quando não nos preenchemos com amor próprio a ponto de ele transbordar, o que damos ao outro são partes de nós, parte da nossa energia vital e, aos poucos, vamos enfraquecendo, tornamo-nos menos sedutoras, com menos brilho, sem vida. Portanto, preencha-se primeiro e se relacione depois. Caso contrário você disponibilizará ao outro parte de você e, consequentemente, você assumirá um papel que não é seu. Já percebeu que ao conviver com outra pessoa durante muito tempo, acabamos por "pegar" alguns costumes e algumas vezes falamos até parecido? Pois é, aí está a explicação.

Boa parte da minha energia vital estava com meu primeiro marido e eu não sabia por que me sentia mal ao pensar nele e não tinha expectativas em outros relacionamentos. Era exatamente por isso. Neste momento, peço que feche os olhos e imagine que toda a energia que você disponibilizou à pessoa com quem você conviveu muito tempo seja removida dela, seja purificada em um rio de águas cristalinas e seja devolvida a você. Faça o mesmo com você. Peça que toda energia que ele lhe disponibilizou seja retirada de você, purificada em um rio de águas cristalinas e seja devolvida a ele. Você se sentirá mais leve e mais livre após esse exercício. Pense em cada pessoa que passou pela sua vida, tente se lembrar de todos. Desde uma simples paixão a relacionamentos mais duradouros. Ao lembrar-se de cada um deles, tente pensar qual foi o significado que teve para você, se você aprendeu algo e se você já encerrou aquele ciclo. Caso não tenha encerrado, aquele padrão voltará a se repetir em outros relacionamentos, até que você o encerre. Portanto, tente se lembrar, faça essa análise e decida encerrar os ciclos que já não fazem mais sentido ou que não trazem nenhum benefício para você.

Como expliquei anteriormente, muitas vezes nem sabemos o que é o amor ou nunca tivemos contato com ele. Então precisamos fazer outro teste de extrema importância para mais cura e liberações. Peço que faça o exercício que fiz para saber se eu me amava e, supreendentemente, eu descobri que não, que nunca havia experimentado o amor.

Antes de começar o exercício, tome um copo d'água. Levante-se e estique os braços para frente. Sim, tudo isso é extremamente importante para os resultados, pois a água é um excelente condutor de energia. Fale seu nome em voz alta. No meu caso, por exemplo: "Eu sou Anna Luisa". Pegue seu braço esquerdo e tente empurrar o braço direito para baixo. Você verá que o braço direito se mantém forte. Se eu tentar outro nome – usei o da nossa filha: "Eu sou Cecília" –, meu braço direito já não tem força, ele desce ao ser empurrado para baixo pelo braço esquerdo. Se seu braço não ficou forte com seu nome, tome mais um pouco de água, respire um pouco e volte a fazer novamente, até que dê positivo. Esse é chamado de teste energético, como tudo é energia, seu corpo responderá a esse exercício corretamente.

Agora que você está pronta, estique os braços novamente e fale em voz alta: "Eu me amo". Empurre o braço direito com o braço esquerdo para baixo. No meu teste, vi que não, eu não me amava, meu braço não tinha força alguma. Se você se ama, que bom! Se sua resposta foi negativa, faça outro teste. Levante o braço direito, fale em voz alta: "Eu sei o que é ser amada". O meu teste deu negativo. Se o seu também deu, não entre em desespero. A maioria das pessoas não sabe o que é amor. Muitos não receberam esse software de seus pais. Eu fui uma delas. Quantas de nós não recebemos de nossos pais o amor que imaginamos merecer? Agora, pense comigo: se nós só podemos dar o que temos, imagine o esforço que nossos pais tiveram para nos criar com o pouco ou quase amor nenhum que eles tiveram de seus pais. E seus avós, seus bisavós, e assim por diante. Percebe agora o quanto é cruel cobrar amor de pai e mãe? Eles nos deram o melhor que puderam dar, dentro do que eles também receberam. E lembre-se do mais importante, o que eles te deram você nunca conseguirá retribuir: a sua própria vida. Se você está lendo este livro, parabéns aos seus pais. Eles fizeram um ótimo trabalho. Você está viva e ainda consegue ler. Viva!

Agora voltando aos namorados... Sim, eles ficaram de lado um tempo para escrever meu livro. Havia escolhido esse tempo. Afinal, tinha um foco e não podia o perder de vista. Também já havia namorado bastante e, dessa vez, no final da história, gostaria de escolher com calma, o homem certo, que iria me acompanhar para o resto da minha caminhada nesta vida, aqui na Terra.

Comecei a ficar conhecida tanto pelos meus atendimentos pessoais em minha cidade, quanto na internet pelos meus vídeos e frases, ora um tanto quanto provocativos, ora mais acalentadores, esse era meu jeitão Anna Luisa de ser. Em alguns momentos assumia meu lado mais sério, educador, corretivo... "Tenho que dar um jeito nesse povo!", falava. Em outros momentos, passava a mão na cabeça e tinha vontade de carregar no colo... "Preciso ajudar essa mulherada que tá aí sofrendo, sem saber o que é bom na vida", isso eu pensava, mas não falava. Essas minhas posturas me lembravam muito a dos meus pais, que sempre tentavam pelo grito e, às vezes, até pela força, mas o que falava mais alto era sempre o coração. Meus pais tinham um coração enorme e eu me tornei pequena somente aqui, quase no final da história deles. Como sempre, eu sempre fazendo tudo ao contrário. Foi assim que eu aprendi que eu nada mais era do que meu pai e minha mãe, mais a minha própria evolução aqui na Terra.

E como foi confortável saber disso... O que antes era lugar de conflito, um campo de guerra no meu coração, havia se acalmado. Não reclamo dos conflitos aqui dentro, nem do lado de fora. Afinal, bom marinheiro não se faz em águas calmas... E como agradeço a cada "problema" que surgiu na minha vida. Se soubesse disso, lá no começo, talvez tivesse errado menos, mas, talvez tivesse aprendido muito menos também. Hoje acredito que cada erro foi extremamente oportuno para meu crescimento, mesmo os que já soubesse de cor o final da história.

Mas, como sou humana, a gente não perde a chance de dar uma segunda chance ou tentar o plano B. O grande erro da humanidade talvez tenha sido o bendito plano B. Pense se lá nos tempos dos seus bisavós havia a possibilidade de voltar para trás, se havia a possibilidade de desistir. Não havia essa possibilidade e por isso eles venceram. Não havia o plano B ou outra opção se desse errado.

Acredito que a humanidade tenha tido que passar por uns ajustes, aos olhos de muitos uma catástrofe, para outros, os planos de algo maior, muito além do que conseguimos explicar. Diante de tantas possibilidades, tantas opções, ficamos confusos, sem uma direção, e perdemos a força. Não temos mais foco, não temos mais algo preferido, tudo se tornou descartável. Inclusive, as relações interpessoais. A forma como tratamos as coisas está diretamente relacionada à forma como tratamos as pessoas. Diante de tantas opções de namorados, o sexo tão fácil, o jogo da sedução perdeu a graça, assim como não esperamos mais o dia tal para ver determinado programa de TV, pois agora tudo fica gravado e você assiste quantas vezes você quiser, a hora que quiser. Não há mais expectativa, não há mais emoção. Tudo se tornou tão óbvio que quando algo não está dentro do esperado, nós nos assustamos. E como não gostava de ser igual a ninguém, vivia assustando os outros, fazendo o inesperado, rompendo o script.

Todos nós, humanos, estamos aqui neste planeta para fazer errado mesmo. Esta é a nossa grande chance de fazer tudo errado, aprender e acertar tudo de novo. Fazer, talvez, como eu: ter que refazer a vida duas vezes. Uma era a fase teste, a outra era o projeto em finalização. Porque a gente aprende que enquanto estivermos vivos nada pode estar bom cem por cento, sempre tem algo a ser melhorado, acrescentado e reinserido, senão este grande desafio que é viver perde a graça. Reinserido que eu falo aqui é extremamente importante, porque tudo que passou por sua vida nunca perderá o seu lugar e por mais que você insista em deletar, isso só te fará sofrer. Porque oras... Se você é seu pai e sua mãe mais a sua evolução, e você é um ser humano, você só conseguiu evoluir pelos seus relacionamentos de casal, no trabalho, na família, com os amigos etc. Lembre-se: nenhum ser humano vive sozinho. Talvez, ele até sobreviva, mas viver não... E você quer viver, estou certa? Creio que sim, porque você está lendo um livro de conquista, de vitória e você não estaria lendo este livro se você não acreditasse que é possível viver ao invés de sobreviver, que é possível ter uma vida que vale a pena ser vivida, que o que você já sabe que vai acontecer não tem graça, assim como os programas de televisão que você já assistiu inúmeras vezes e já até sabe o final... Você quer mesmo se render ao que já é esperado e repetir o mesmo final que todas as mulheres da sua família tiveram? Creio que não, então sugiro que continue lendo o livro. O final será o começo e o começo o final, eu prometo.

Lembro-me de que iniciei a busca de crescimento espiritual e desenvolvimento humano quando eu havia morrido. Como assim morrido? Disse que começaria pelo final e, talvez, você não queira terminar como eu. Então sugiro que volte e faça as mudanças que falei lá no começo, para que você não precise chegar ao fim, morrer, afinal.

A DECISÃO EM ESCOLHER O OUTRO LADO

Me sentia morta, sem vida, porque eu já não era mais eu. Era apenas as histórias que haviam contado sobre mim e até eu mesma já havia me convencido. Já não tinha mais expectativas, não tinha esperanças e já não sonhava mais. Havia perdido meus sonhos de vista.

Estava casada com uma pessoa que eu não amava e por quem nunca havia me apaixonado, só para dizer que estava casada. Estava seguindo à risca as tradições da família e estava lá, sobrevivendo. Como dizia a minha avó, "o casamento é cheio de espinhos, uma vez ou outra se vê uma flor", ou, então, "custe o que custar, uma mulher que saiu de casa não pode voltar nunca mais". E no final da vida dela, ao ver as histórias das muitas mulheres da família, ela mesma me dizia: "Viver uma vida dessas, prefiro morrer a ver uma filha passando por isso". E como as palavras têm poder, minha avó morreu muito nova, pois não queria ver tudo que ela havia falado uma vida inteira se tornar algo real e tão triste. Acho que nem ela conseguia acreditar que uma mulher precisava se submeter a humilhações, traições e manipulações somente pelo fato de permanecer casada.

E eu também havia preferido morrer ao ter aquela vida. Já havia morrido psicologicamente, estava em profunda depressão. Já havia praticamente desligado todos os meus canais sensoriais. Vivia trancada dentro de casa, estava 32 kg acima do meu peso normal para não me sentir mais desejada. Não tinha mais contato com meus amigos, minha família não morava perto e já não tinha mais esperanças. Não via outra alternativa, a não ser dar um fim àquilo tudo. Sim, estava disposta a tirar a minha própria vida ao continuar "vivendo" daquele jeito. Fui até a cozinha, peguei uma faca, pois havia decidido cortar meus pulsos.

Naquele momento, é como se o tempo tivesse parado, assim como a minha mente. Passou um filme na minha cabeça, como se tivesse saído do meu corpo e estivesse me olhando no chão, gorda, infeliz e completamente sozinha. E naquele momento, ali no chão, aprendi a primeira técnica de sobrevivência. A dar o meu "start". Mas só depois de muito tempo fui perceber que foi naquele momento que havia acontecido.

Vi que estava totalmente infeliz e que ali era um lugar em que não queria ficar; que me recusava a viver aquela vida infeliz e também não ia me render à morte. Havia nossa filha, que tinha apenas um ano e nove meses naquela época. Precisava fazer algo diferente de tudo que havia feito. E naquele momento consegui perceber que havia aberto mão da minha vida há muito tempo. Todo mundo tomava conta da minha vida, menos eu. Estava sendo totalmente manipulada por meu primeiro marido. Até então não sabia que ele era um narcisista e que seu "amor" era totalmente egoico. Ele só me queria por perto, porque fazia bem a ele. Não se importava comigo, nem como me sentia, desde que eu sempre estivesse por ali, disponível.

Ao conseguir observar onde eu estava, percebi o jogo de manipulação que ele fazia comigo e que era preciso fazer algo a respeito. Já havia pedido divórcio há muito tempo, mas ele sempre me pedia para voltar, com a proposta de que dessa vez seria diferente. E lembrem-se de que eu ainda tinha a programação de que uma mulher de verdade deveria estar casada. Então, permitia que ele retornasse.

Meu primeiro marido parecia ser uma boa pessoa e por isso havia decidido casar com ele. Era meu conhecido há muito tempo, tinha um bom emprego e acreditava que com um tempo iria acabar me apaixonando por ele, mas isso não aconteceu. Ele me dizia que era apaixonado por mim desde a adolescência e que só casaria se fosse comigo. Mesmo dizendo que eu havia acabado de sair de um relacionamento e não queria namorar naquele momento, ele me propôs em casamento e, para mim, naquele momento, parecia uma boa escolha. E meu casamento foi a maior mentira que contei para mim mesma. Sabia que não o amava e não era assim que havia sonhado em me casar. Havia sonhado me casar com quem amasse, alguém que me sentisse feliz em estar ao lado. Lembre-se, de que havia esquecido de todos os meus sonhos e perceba o quanto eles são extremamente importantes.

Tínhamos um casamento razoável, não brigávamos muito e um apoiava o outro. Até o momento em que engravidei de nossa filha. Lembro que quando engravidei, estava cursando Ciências Biológicas, por incentivo do meu primeiro marido, pois era um curso que sonhava fazer. Já era formada como assistente social e trabalhava na área, mas não me sentia feliz. Então, por incentivo dele, larguei meu emprego, pois ele havia se comprometido a pagar as mensalidades da faculdade. Não me recordo bem o porquê, mas ao invés dele pagar as mensalidades, decidimos pegar um financiamento estudantil, em que começaria a pagar somente após dois anos de formada. Até aquele momento, me parecia uma ótima escolha.

Estava então cursando Biologia e estava trabalhando como professora de Biologia em uma escola particular, com um salário de aproximadamente seiscentos reais. Enquanto meu primeiro marido havia acabado o mestrado que eu havia lhe incentivado a fazer e tinha virado referência na área. Ele fazia mestrado em outra área e tinha medo de mudar para algo que ele gostava, pois já havia passado na prova e tinha medo de não passar novamente na área em que ele queria. Disse a ele que fizesse o que gostava e que ele iria passar. Sempre o incentivei a fazer e ter o que gostava, o apoiei e ele de certa forma me apoiava também. Até o momento em que descobrimos que eu estava grávida. A partir daquele momento tudo mudou. A pessoa que dizia que me apoiaria começou a desestimular tudo que eu pensava em fazer.

Percebi que quando eu falava com ele sobre algum projeto meu, ele ria e dizia que eu nunca iria conseguir. E se eu tentasse, que não contasse com a ajuda dele. Pois ele dizia que havia conseguido tudo sozinho e não me ajudaria em nada.

Repetia consistentemente que eu já não era mais bonita como antes, quando havíamos nos conhecido, e que se a gente se separasse ninguém iria ficar comigo. Várias vezes, ao me arrumar para sairmos, ele me olhava com desprezo e dizia: "É, você não é a mesma mulher que conheci, porque você está se vestindo assim?".

Não adiantava mais eu ser a melhor esposa, a melhor mãe, nada, porque eu já não era só eu, nós tínhamos nossa filha. E ele definitivamente não queria isso. Um narcisista nunca divide seu troféu e com a nossa filha não podia ser diferente. No momento em que soubemos da gravidez, meu rosto se encheu de luz, enquanto ele foi tomado pelas trevas. Sua sombra tinha vindo à tona. Ou seja, o que ele mais temia havia acontecido: ele não me teria mais só para ele, teria que dividir o tempo e a atenção com outra pessoa.

Com quem ele iria dividir seus planos de viajar pela Europa e levar uma acompanhante? Como ele iria às festas do seu emprego sem uma bela acompanhante ao seu lado? Quem iria prestigiá-lo em suas apresentações de rock n'roll? Seu sonho dourado de uma acompanhante bela e totalmente disponível havia acabado. E como um bom narcisista, ele não perdeu a oportunidade de fazer uma pergunta boba, como ele mesmo sempre diz: "Você vai mesmo seguir com a gravidez? Você acha mesmo que com o seu salário de seiscentos reais como professora você vai conseguir sustentar uma criança?". Ao receber constantemente os ataques e agressões psico-lógicas, foi aí que entrei em profunda depressão e tive que abandonar o emprego de professora. Fiquei então desem-pregada e totalmente depressiva.

Demorei para acreditar no que estava ouvindo e quando percebi o jogo de manipulação, tudo fez sentido para mim. Vi que atacava o que mais me deixava insegura e usava contra mim. O fato de estar gorda, o fato de não estar recebendo um salário legal, o fato de estar grávida. Lembro que raramente ele encostava na minha barriga. Quando entrei em trabalho de parto, estava na casa de meus pais. Ele me perguntou se ele precisava acompanhar o parto ou se ele poderia vir no outro dia. Ele dormiu na hora do parto e fui para o centro cirúrgico, sozinha. Após onze horas na tentativa de parto nor-mal, tive que fazer cesárea, pois não havia dilatação. Cecília nasceu, mas fiquei um tempo sem poder vê-la, pois ela havia engolido muito mecônio. Lembro que eu estava anestesiada, havia aquele pano verde na minha frente e ao ouvir Cecília chorando, não pude a pegar no colo. Quando ela nasceu, não me mostraram ela, logo a levaram para aspirar o líquido do nariz e eu pedia nervosa: "Cadê minha filha? Preciso ver ela". Foram aproximadamente dez minutos entre o parto e ver nossa filha. Esses dez minutos me pareceram uma eternidade, pois ninguém falava comigo. Após tudo isso, Cecília ficou em observação e eu fui para o quarto. Ainda não havia tomado banho. Estava me sentindo suja e precisava de um banho. Pedi que ele chamasse a enfermeira, ele me ignorou e disse que iria ver Cecília. Nisso ele ficou um bom tempo por lá e decidi que tomaria banho sozinha. Levantei-me com muita dor e fui tomar banho. Me virei do jeito que pude, meus pontos doíam muito. Após algumas horas em observação, Cecília veio para o quarto e o pai dela decidiu aparecer também. Ao ter que trocar a primeira fralda, ele me disse: "Não sei fazer isso, faça isso você". Sentei-me com muita dificuldade na beirada da cama e troquei a fralda. Nos primeiros anos de vida de Cecília, insistia para que ele a pegasse no colo em casa, dizia que era importante que ele criasse esse vínculo com ela, e ele me dizia que ela não entendia nada, que nem sabia o que estava acontecendo. Mas como Cecília era um bebê muito bonito, ele sempre saía na rua com ela nos braços, mostrando a todos os conhecidos. Não entendia muito bem naquele momento porque seu comportamento era tão diferente em casa.

Ele nos deixou três vezes, eu e nossa filha, em casa, sem saber para onde ele tinha ido, sem dinheiro ou comida, sem saber o que nos aconteceria. Nessa época, já havia abandonado meu emprego e havia me tornado totalmente refém. Lembro-me de que na segunda vez que ele nos deixou, liguei para minha mãe, pois a geladeira já estava ficando vazia e Cecília já estava comendo papinha. Não me importava que eu ficasse sem comer, nem pensava nisso. Minha grande preo-cupação era com nossa filha. Via a geladeira vazia e me dava uma dor no estômago horrível. Estava apavorada, com medo de que faltasse comida para nossa filha e resolvi pedir para minha mãe ir passar uns dias com a gente, pois eu não sabia quando, e se ele voltaria. Não havia falado nada da comida para ela, pois, talvez, ela não acreditasse e nem fosse nos ver.

Minha mãe, assim como minha avó, acreditava que uma mulher deveria suportar o que tivesse que suportar e permanecer casada. Não condenem minha mãe, essa era a verdade dela e foi a minha durante muito tempo também. Até o momento em que ela me viu e ela mesma disse que não me reconhecia, que eu estava esquisita, abobada, que já não era mais a filha dela. A verdade da minha mãe, que era a da minha avó, já era a minha verdade, mas não fazia mais sentido e minha mãe não sabia explicar aquela situação. Afinal, meu pai nunca havia nos deixado passar fome... Até para ela já era demais.

Mas ela ainda não acreditava nas minhas histórias, porque, como um bom manipulador, meu primeiro marido já havia convencido a minha família de que eu estava muito nervosa, de que eu vivia estressada e ele, coitado, que trabalhava tanto, já não sabia mais o que fazer por mim... Somente na última vez em que ele mesmo foi até a casa dos meus pais e me "devolveu" para eles, que eles perceberam toda a situação. Ele colocou a cadeirinha de bebê no chão e disse: "Pronto, está entregue", e foi embora sem olhar para trás. Naquela cadeirinha estava a nossa filha. Naquele momento, meus pais, que acreditavam no casamento a toda prova, perceberam que aquilo não podia ser verdade, não podia ser com a filha deles. Eles me receberam, acolheram-me meio que sem entender o que tinha acontecido.

Quando comecei a me recuperar, mais ou menos uns quinze dias depois, meu primeiro marido começou a se reaproximar da minha família, não de mim. Ele sabia que diante da decisão de meus pais, eu enfraquecia. E ele conseguiu convencê-los e estava conseguindo me levar para seu aprisionamento outra vez. Quando me despedi dos meus pais e entrei no carro com ele, pensei comigo: esta é a minha última chance. Então disse a ele: "Só volto para você se você abrir uma empresa em meu nome para que eu possa ter uma garantia para mim e para nossa filha". Ele concordou e eu assumi o sonho dele para que isso se concretizasse. O sonho dele era abrir um pub, um bar estilo irlandês.

E eis que realizei o sonho dele. Comecei a driblar o manipulador com o próprio jogo de manipulação. Só que eu era iniciante nesse jogo e logo ele estava comandando de novo. Os cardápios que eu fazia com todo carinho não prestavam como os dele, que ele fazia, e então ele ficou responsável por fazer os cardápios. Ele também dizia que podia deixar com ele o programa para emitir nota fiscal, porque dessa área ele entendia. A compra das cervejas: "Deixa comigo, eu sou o cara que entende disso". Quando notei, ele já havia tomado conta de quase tudo e me culpava muito por isso. "Como eu vou conseguir trabalhar em dois empregos e você vai ficar aí, sem fazer nada? Você sempre foi uma preguiçosa e sempre sobra pra mim!". Esse era o jogo dele.

A equipe que trabalhava comigo, eu organizava todo o esquema de atendimento e a limpeza do bar, às 16 horas, para que pudéssemos abrir às 19 horas. Nesse meio tempo, eu buscava nossa filha, que ficava na escola, e ele assumia o controle. Quando eu voltava para trabalhar, lá pelas 21 horas, a equipe já estava fazendo tudo diferente do que eu havia pedido, pois o patrão havia mudado tudo. Os funcionários já começavam a brigar entre si e o clima começava a ficar tenso. Ninguém mais conseguia trabalhar direito. Eles não sabiam mais a quem ouvir. Realmente, era uma situação muito desagradável.

Em uma das brigas, mandei que ele se retirasse de dentro da minha empresa. Ele saiu cantando pneus. Enfim, eu havia assumido meu posto na empresa. Só que, em casa, as coisas pioraram muito. O tempo todo ele falava que eu não daria conta sozinha, mas sabendo do jogo de manipulação, eu quem comecei a minar tudo que ele dizia. Comecei a fazer a técnica do espelho: tudo que ele falava contra mim, rebatia contra ele. Não aceitava absorver nada mais. Ele me diminuía, o diminuía também. Ele menosprezava meu negócio, eu fazia o mesmo. Ele falava mal da minha família, de novo eu fazia o mesmo. Sempre fazia o mesmo, mas sem gritar com ele, usando o mesmo tom sarcástico de voz. Aprendi que, ao gritar, você perde muita energia e acaba perdendo a razão. Ao invés de gritar e sair de mim, eu voltava para mim, ao meu estado de observação, via o jogo de manipulação e refletia. Até o momento em que ele não aguentou mais. Ele não conseguiu conviver com a própria tormenta.

Em uma tarde, enquanto eu organizava a equipe de trabalho e ele havia ido buscar Cecília na escola, ele me ligou dizendo: "Peguei Cecília na escola e não volto mais pra casa". Nesse momento, suei frio, a dor no estômago voltou novamente, estava novamente apavorada. Não pelo fato de ele ter terminado por telefone, mas por estar com nossa filha. Naquele momento não ouvi mais nada. Peguei o carro e fui para a casa das irmãs dele, onde ele estava com Cecília. Tentei ligar para ele três vezes e ele desligava o telefone. Eu tremia inteira, mas insisti em ligar e até que, enfim, ele me atendeu. Eu já estava na porta da casa das irmãs dele. Só disse: "Entrega a MINHA filha!". Nessa hora, tomei nossa filha como minha propriedade e confesso que demorei a voltar a falar "nossa", passei muito tempo falando "minha", até que me sentisse segura novamente. Lembrem-se de que somos metade de nosso pai e metade de nossa mãe. E Cecília não existiria se não fosse por ele. Entenderam como uma palavra faz toda diferença? Também demorei a perceber o quanto as palavras faziam total diferença em minha vida.

Aprendi que o "se" no passado não existe, que não há como mudar o que passou, e toda vez que eu pronunciava "se" meu casamento tivesse dado certo... Eu voltava automaticamente à cena do passado em que eu estava casada e infeliz, e perdia a força no momento presente. Desde então parei de pronunciar o "se" e ensino isso às minhas alunas. Deletem a palavra "se" do seu vocabulário, senão vocês não sairão do lugar. Essa palavra aprisiona no passado. Assim como a palavra "mas" aprisiona, só que no presente. "Eu quero emagrecer, 'mas' eu gosto tanto de comer"; "Eu quero malhar, 'mas' não tenho tênis". Eu sempre falava isso... Viram? Eu me dava desculpa o tempo todo para não fazer alguma coisa de fato.

Era como se estivesse em uma caixa, com uma porta de entrada e uma de saída. A porta de entrada era onde eu estava e a porta de saída era meu sonho, nesse caso, ser magra novamente. E toda vez que eu falava "mas", era como se eu colocasse um grande muro na minha frente, com uma pequena saída lá no final. Perdia meu sonho de vista e se quisesse vê-lo novamente, ia ter que andar por esse muro durante um bom tempo até voltar a olhar para meu sonho novamente.

Via que o "mas" também me aprisionava, me deixava sem ação para realizar meus sonhos. Então comecei a substituir o "mas" por "e". Façam o teste. Exemplo: quero emagrecer "e" não tenho um tênis. Isso já abre as possibilidades. Sim, se eu quero emagrecer e eu gosto muito de comer, o que eu posso fazer então? Posso parar de comprar coisas que engordam, eu posso ver uma alimentação diferente da que eu estou habituada, eu posso fazer um esforço para ficar magra de novo e, ao invés de usar calça tamanho 50, me permitia voltar a usar meu tamanho 42. Viu como faz diferença?

Também falo que o "vou tentar" te vincula a outra pessoa e a chance de você realmente fazer é praticamente nula. Quando você fala que vai tentar ir a uma festa, provavelmente, você não irá e a pessoa que te convidou criará uma expectativa não cumprida. Cada "vou tentar" que você não faz te aprisiona e te vincula àquela pessoa. Então assuma uma postura adulta, pare de dizer "Vou tentar" e diga "Sim" ou "Não". Ou você assume a responsabilidade de encerrar aquele acordo com o "não", mesmo que a pessoa fique chateada no momento, ou afirme que "sim" e honre seu acordo, vá realmente. Então você verá que sua vida ficará bem mais leve.

Voltará a fluir novamente.

As palavras são extremamente poderosas. Não é à toa que quando nos ensinam o português falam que quando pronunciamos uma frase fazemos uma oração. Uma oração mesmo, pedimos algo ao Universo. Por isso, preste atenção ao que você fala e ao que você tem orado para o Universo. Ele sempre te atenderá, mesmo que você não perceba o que vem falando. Lembre-se: tudo é quântico e uma hora chegará até você.

"Cabe a cada um o preço de suas escolhas".

Temos um universo de possibilidades diante de nós e precisamos, inevitavelmente, fazer algumas escolhas. Diante de cada escolha feita há um resultado a ser obtido. Diante de um tipo de semente plantada há um tipo de colheita. Portanto observe quais as escolhas você tem feito e quais benefícios têm lhe trazido. Coloque-os em uma balança. Ficar onde você está é melhor do que outra possibilidade qualquer? Qual preço você tem pago por ter feito tal escolha? Eu, você e todas as pessoas do planeta estamos expostos às escolhas e às consequências. Por isso não nos cabe julgar ou condenar alguém. Não sinta raiva nem deseje o mal. Essa também é uma escolha sua e, como qualquer escolha, você terá o retorno desse tipo de pensamento. Então sugiro que escolha bons pensamentos, escolha um novo caminho, teste novas

possibilidades... Sempre se lembrando das consequências.
Se forem boas escolhas, boas surpresas virão.

Bom, voltando ao momento em que peguei nossa filha... Decidi dar um basta! Ele não ia mais decidir o que eu fazia ou deixava de fazer. Decidi tomar as decisões na minha vida, custasse o que custasse, e não custou muito barato. Tive que vender a empresa, pois não conseguiria mais ficar naquela cidade. Precisava, naquele momento, ficar perto da minha família. Assumi uma dívida de cento e sessenta mil reais da minha própria empresa. No acordo do divórcio, ao cogitar dividir tudo, inclusive o lote que havíamos comprado, ele me lembrou com quem eu estava lidando e disse que se eu tentasse negociar o lote, ele iria negociar a guarda da nossa filha também. E ao perceber que um lote perturbaria a minha paz, deixei para lá. Assumi a dívida da empresa e fiquei com o nosso carro, que também foi vendido para pagamento de dívidas. Os boletos em atraso e multas chegavam todos os dias, em valores altos, que variavam entre dois mil e oito mil reais. E adivinhem quem havia ficado na administração da empresa? Nem preciso dizer, né? No fim, não havia ficado com quase nada material, só que estava livre. Podia voltar a sonhar outra vez.

Consegui pegar o carro, coloquei somente as roupas que eu e nossa filha usávamos com maior frequência e fui embora. Havia perguntado a ele se o tanque do carro tinha gasolina suficiente para chegar ao meu destino, pois eu não tinha dinheiro. Ele afirmou que sim. E no meio do caminho, adivinhem? Primeiro o ar condicionado começou a desligar sozinho e o carro engasgava. Eu não entendia o porquê, nem pensava na gasolina, porque, afinal, o tanque estava cheio. Resolvi parar o carro em uma cidade que ficava exatamente no meio do caminho. Desliguei e liguei o carro novamente, aí o sinal vermelho de que o carro estava na reserva foi acionado.

Ou seja, se o carro chegou a engasgar, era sinal de que já estava na reserva há algum tempo e eu que não havia percebido.

Por coincidência ou por obra divina – lembrem-se de que não existem coincidências –, havia parado em frente a um posto de gasolina. Lembrei-me, naquele momento, que eu tinha cinquenta reais na conta e passei o cartão de débito. Pedi ao funcionário do posto que olhasse para mim se com cinquenta reais eu chegava ao meu destino final. Ele olhou no painel, fez uns cálculos e disse: "Senhora, com cinquenta reais só com o ar condicionado desligado". Estava fazendo, aproximadamente, trinta e oito graus. Abri todos os vidros, olhei para nossa filha naquelas cadeiras de carro cheias de tecidos e pensei: aguenta aí que estamos quase libertas. Olhava toda hora para ela no retrovisor e perguntava se ela estava bem. Ela sorria. Liguei para minha mãe gritando de alegria: "Mãe! Estou livre! Estou livre! Eu consegui! Daqui a pouco chego em casa!". Sem entender nada, ela simplesmente riu e disse: "Ok, estou te esperando". E como isso me trouxe paz. Estava voltando para casa, agora com a permissão dos meus pais, afinal, eu não havia quebrado nenhum acordo, não havia pedido divórcio. Foi ele quem havia pedido e isso facilitou um pouco meu regresso para casa.

Meus pais ainda tiveram um pouco de resistência e o início da minha presença de novo em casa foi um tanto quanto conflituosa. Aos poucos, depois de muito estudo sobre a mente humana para entender tudo que havia acontecido comigo e depois de seguir um caminho comprometido de crescimento espiritual, aplicando todos os ensinamentos, a paz havia retornado a minha vida, havia voltado a ter paz. Agora era eu quem decidia o que fazer. Então decidi voltar a fazer exatamente o que sonhava em ser quando era apenas uma criança, quando ali, só havia a minha verdade: sonhava em ser feliz, ser mãe e ajudar as pessoas. Eis que estou aqui: feliz, mãe e posso ajudar as pessoas.

Então, por mais que sua vida pareça pesada, não perca de vista os seus sonhos. Perdoe quem tiver que ser perdoado, dê um lugar muito especial aos seus pais em seu coração, agradeça a tudo e todos que passaram por sua vida. Afinal, eles foram ótimos professores.

"Seus piores inimigos são os seus melhores professores".

Tudo e todos servem a um propósito muito maior do que você consegue imaginar. O que talvez lhe pareça seu maior problema, ou aquela pessoa com quem você tem maior dificuldade em lidar, está querendo te mostrar algo o tempo todo: o que VOCÊ precisa mudar.

Comece a analisar por que certa ocasião ou certa pessoa te traz algum desconforto. O que nela você não gosto? Por que ela me faz tão mal? Ou por que eu não consigo lidar com o sentimento de raiva, de inveja, de impotência... Lembre-se de que o outro serve como um espelho, para que você veja nele o que mais precisa ser mudado em você. Ao invés de odiar, reclamar, acusar, observe, questione-se e analise o que em você pode ser melhorado e o que essa pessoa tem tentado te ensinar, tem tentado te mostrar. O que você precisa concordar que existe em você e que precisa ser melhorado para o seu próprio crescimento. Aprenda a aprender com os seus erros e faça a diferença na sua vida.

Sempre dê um bom significado a sua realidade. Lembre-se de que você tem esse poder. Viva sua vida de maneira bonita. Por onde passar, sempre contribua. Você é muito importante na vida de alguém, muito mais do que você imagina. Dê-se a oportunidade de ser ajudada, de ser tratada com carinho. E o mais importante: você nunca sabe quando sua jornada vai chegar ao fim. E sugiro que você não espere chegar "ao fim", como eu cheguei, para fazer a diferença na sua vida. Comece agora.

E após ter lido este livro, espero ter te convencido de que você é realmente especial, de que é muito importante, principalmente para você e para outras pessoas, que tem uma bela missão neste mundo e que você merece sim, uma vida feliz. Coloque um ponto final a tudo que lhe machucou até agora. Use cada erro como um grande aprendizado e recomece, agora da forma certa: recomece por você.

"Nada precisa chegar ao fim. A não ser que esse fim lhe traga um belo recomeço".

Nenhum relacionamento, nenhuma história precisa, necessariamente, chegar ao fim, aquele fim para nunca mais. Aprendi que nunca mais é muito tempo e que não devemos usar essa expressão. Quantas de nós falamos nunca mais e repetimos a mesma história várias vezes? Precisamos parar de mentir para nós mesmas. Algumas coisas precisam acontecer repetidas vezes, até que tenhamos aprendido a lição ou o propósito tenha sido cumprido. Aí, sim, aquela história da qual você absorveu todo aprendizado necessário para seu crescimento chegará ao fim, para que você consiga, a partir desse ponto final, recomeçar sua história. A partir de então, de uma forma diferente.

Se você realmente aprendeu com sua história, você cresceu, evoluiu e ela não precisará se repetir mais.

Então basta pegar o aprendizado e começar a fazer do jeito certo, aquele, que está em harmonia com os seus sonhos, com o seu coração, com a sua maior verdade, com o AMOR.

Espero ter contribuído no seu processo de cura, de reencontro consigo mesma; e agradeço imensamente por também fazer parte do meu sonho. Desejo a você uma vida completamente feliz.